生命，因閱讀而大好

U0141496

把生活過成賞心悅目的好日子

料理研究家 有元葉子 著
黃瓊仙 譯

生活すること、生きること

打造閃閃發光的自在質感生活

身心整理 × 極簡日常 × 居家風格

序言

最近發現一件事情。

家裡有件美麗的器皿，我想用這件器皿盛裝如山高的沙拉，但因為它的底部很寬，不知該如何擺盤才好。就在我盯著這件器皿陷入沉思時，突然靈光一閃。把家裡用不到的透明檔案夾剪成寬七至八公分的帶狀，再繞成圓筒形，邊端用膠帶固定，擺在器皿上面。然後將各種生菜葉子往這個圓筒形的裡面堆高，在上桌出菜前，才將這個圓筒形透明檔案夾拿開，器皿的正中間就是一座美麗的沙拉山，相當吸睛。如果是專業廚師，應該會用圓筒形模具來堆沙拉山；可是，如果能使用家裡現有的用具來製造，高度和寬度可以隨心所欲來決定，感覺更棒。你們說，這是不是讓人驚喜的小確幸呢？

在每天日復一日的瑣碎生活中，我常會邂逅這樣的小確幸。

人活著，本來就會遇到許多事情。我當然也有很多討厭、煩惱的事，就是現在，也不敢說我沒有心煩的事。雖說是自己的人生，但也無法盡如己意。

我們能做的，就是在每天的生活中，製造小小的快樂。只要努力讓日子過得自在、舒適、愉悅，就能打造屬於自己的生活底氣。期望擁有強健的身心，不怕微不足道的人生波折來襲。

目次

Chapter 2 關於儀容

Chapter 3 關於居住

Chapter 4 關於工作

Chapter 5 與孩子相處的時間

Chapter 6 我的觀點

視線所及之處全是天然素材製品。只要堅持這個原則，就能改變家裡的氛圍。

陽臺擺著在葉山町海灘服飾店「Genbei」買的夾腳涼鞋。穿起來真的很舒服。

在陽臺採摘的草莓成為早餐的一員，形狀可愛的葉子可拿來當便當的隔層使用。

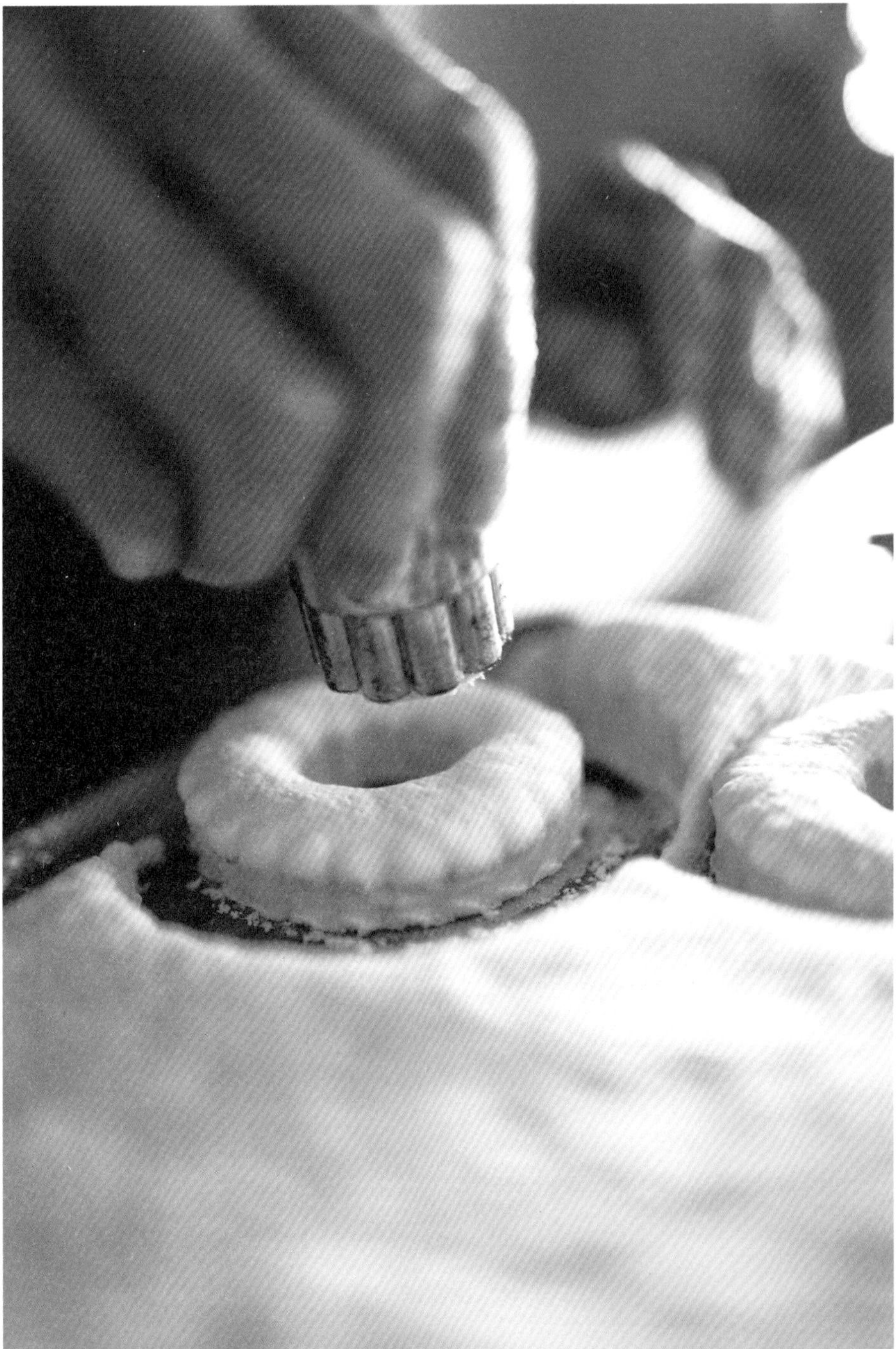

每天給孩子們做點心。會一連好幾天都做相同的點心，直到成功為止。

特別鍾愛有年代感的甜點模型或用具，是因為我念舊不捨的關係嗎？

日本國產的帶殼核桃最美味！我會用專門工具把殼弄碎後，再仔細品嚐。

Chapter 1 關於身體

審視內心

常有人問我：「是否為了健康或美容，而特別吃什麼東西嗎？」我們的身體是透過食物成長、發育，會有這樣的想法也無可厚非。然而，我卻從未有過這樣的想法。

我曾接受過某家女性雜誌採訪，當時採訪者問了我這樣的問題：「大家都說女性過了五十歲，必須積極攝取蛋白質。尤其要攝取優質健康的大豆蛋白質，所以想請您傳授美味的黃豆料理。」唉呀，我心想這下糟糕了，當時我這麼回答：「我喜歡吃黃豆，會透過各種方式攝取，也出版了黃豆料理的烹飪書籍，書中介紹了許多食譜，可是……我從未有過『要為了某個原因而攝取某類食物』的想法。」

對於食物，我一向抱持這樣的觀念，那就是「攝取身體自己想要的東西」。不是因為「想淨化血液」、「想增加肌肉量」或「維生素攝取不足的關係」，而是吃進身體當下想要的食物。傾聽身體發出的「我想吃那個」的訊息，然後適量且津津有味地攝取，自然身體就會變好，擁有健康——我一直秉持這樣的觀念。

我常想，「人也是動物」，在大自然環境中生活的動物，並不是因為「有益健康」而攝食。以揚羽蝶幼蟲為例好了，牠們只吃花椒等柑橘類、蒔蘿或茴香的葉子。其實，動物應該攝取哪些食物，本來就決定好了，只要適量攝取該吃的食物，就能延續生命。大家都吃不一樣的食物，然後共存下來，這本來就是大自然的定律。

不吃當然無法生存，而攝取過量又妨礙大自然的循環，所以，動物知道要適量攝食。人類也是動物，所以不應該聽從腦袋想的，而是要聆聽來自身體

「想吃的食物」聲音，只吃身體所要的分量，這就是最棒的飲食方式。

因此，我常常會「審視」或「感覺」來自身體裡的需求。

我不會規定自己要每天早上傾聽身體的需求，而是在某個時間點，比方說泡澡、刷牙時，一天會有一次去感受身體的需求。

我會觀察身體每個部位，從頭頂開始，到腳趾頭結束。仔細凝視身體的內在，就會察覺到細微的感受，比方說「今天有點鼻塞哦」、「左手中指怪怪的」、「胃好像有點悶悶沉沉」、「小腿好僵硬哦」等發現。

沒有察覺到任何地方疼痛或發癢，當然就沒問題。可是，如果覺得哪個地方不對勁或疼痛，抑或是心情不佳的話，我會馬上處理。有時候，會因為腸胃狀況不好而不進食；某處僵硬疼痛時，我也會做些簡單的伸展運動，去健身房運動時，就會加強不適部位的訓練；不適的感覺嚴重時，就找醫生。總而言之，我認為，提早察覺自己身體的細微變化才是最重要的。

對於食欲，我也抱持相同的觀念。我已經養成詢問身體的習慣：「現在感覺如何啊？」、「想吃什麼呢？」接近用餐時間，肚子餓的時候，身體自然就會跟你說它的需求，比方說「今天想吃很多」或「想吃無負擔的輕食」、「現在不太想吃」等。就像這樣，對於從身體聽到的聲音，只要「盡可能」予以回應就可——這就是我的飲食觀。

也許，有時候我們需要隔絕外來的資訊，像是在群組看到美食照片時，大腦就會出現「好想吃」的意念吧？吸收到各種營養學知識或透過電視看到美食資訊時，大腦也會發出「我一定要去吃這個！」的吶喊。

請停止大腦的思考活動，而是跟身體對話吧！凝視自己內在的狀況，去感受身體的情緒，這就是我的養身之道。

疲倦的日子，晚餐就喝蔬菜湯吧！

為了成為朝氣十足的人，我會細心傾聽身體的聲音，攝取身體所需的食物。身體是自然界的一部分，與大自然的運行循環息息相關：在悶熱酷暑的日子，會想吃鮮嫩多汁的蔬菜或清爽的酸味食物；在變涼的夜晚，就想品嚐會讓身體暖呼呼的鍋物料理，或是可以儲存能量的精力料理。我們的身體是非常誠實直接的。

身體除了會告訴我們它想吃什麼，還有一件事也務必尋求身體的意見。那就是最原始的意願——「想吃？」、「不想吃？」。

很多人都說：「不進食對身體不好。」但我的想法正好相反，不想吃的時候，不吃比較好。當身體發出「不想吃」的信號時，最好別勉強自己吃東西。腸胃不適時、不覺得肚子餓時，不吃也沒關係。當肚子裡空無一物時，我覺得身體反而會覺得輕鬆，不適感也會提早改善。

持續忙碌好幾天，覺得很累的時候，雖然我們不自覺，但這時候除了身心俱疲，連腸胃也覺得累。這種時候我的晚餐就只喝蔬菜湯，其他什麼都不攝取，喝完就這樣去睡覺。

各位是否也有過沒有食欲，但什麼東西都不吃的話，又覺得怪怪的，好像沒有為一天畫上美好句點的時候呢？這種情況下，蔬菜湯就是最好的選擇。不加料、只用蔬菜做成的湯不只好吸收，也有飽腹感。

我家冰箱冷凍庫一定會庫存蔬菜湯。就像昆布柴魚高湯、雞高湯，蔬菜湯也是我家冰箱的常備菜。

將紅蘿蔔的蒂頭或皮、芹菜的梗莖或葉、洋蔥的灰色皮、西洋芹的梗等做料理剩下的蔬菜屑全部放進鍋子裡，注入蓋過食材的水，不用蓋上鍋蓋，直接開火煮。煮滾後，轉小火再慢慢煮一小時。將湯汁過濾，蔬菜湯就大功告成。放涼後，裝進保鮮盒，貼上註明「蔬菜」的標籤，放進冷凍庫保存。因為冷凍後，看不出內容物是什麼，所以一定要貼上標籤，方便辨識。

只要是能煮成湯的美味蔬菜，都可以是蔬菜湯的食材。比方說高麗菜、長蔥、番茄、蘆筍、蕪菁、白蘿蔔葉、花椰菜芯等。料理剩下的部分也可以，如果是紅蘿蔔，就將剩下的部分連皮一起切成圓片狀；小松菜的話，切成長兩公分的條狀，利於「熬煮出味的形狀」就可。至於蔬菜的種類，使用現有的蔬菜組合熬煮即可，有什麼就丟進什麼，煮出來的湯絕對都十分美味。因此，剩下的蔬菜屑也可以當食材，若是丟掉就太可惜了。

在義大利的農村，我常看見人們會將裝了水的深鍋擺在廚房瓦斯爐旁，料理時剩下的蔬菜塊就丟進鍋子裡。慢慢煮出味道和香氣後熄火，然後就這樣擺著、以室溫保存，有時再開火煮一下，免得壞掉。在義大利的鄉下，隨時可以從擺在瓦斯爐旁邊的鍋子舀湯，當作每道菜的湯底（高湯）。當我看到這樣的情景時，心裡就想著我也要如法炮製。

使用剩下的蔬菜塊煮成的湯，可以當成每個家庭日常飲食的「高湯」使用。如此熬煮的蔬菜湯可用於任何一道料理，也可以直接當作湯飲用，非常美味。

每當我工作很累、回到家的時候，就會從冰箱冷凍庫取出蔬菜湯，倒在鍋子裡加熱，再撒點鹽，趁熱的時候喝。這道蔬菜湯什麼食材都沒放，真的只有湯而已，但是非常美味，其美味會滲透至疲累的身體裡。攝取暖呼呼的食物，肚子也覺得滿足，自然就會有睡意，也會睡得香。

只有蔬菜的湯，不會對腸胃造成負擔，翌晨更會覺得神清氣爽，所有的疲勞都煙消雲散。現代人品嚐許多美食，甚至許多人是攝食過量，我認為大家都很需要偶爾進行減法飲食，像這樣只喝個蔬菜湯。

可是，這道蔬菜湯的材料如果全是有農藥的蔬菜，想想就太可怕了。所以，像是蔬菜之類經常會攝取的食材，也要仔細挑選哦！

養身之道，在於腸道及肌肉

最近突然打從心裡意識到腸道和肌肉的重要性。我深深覺得，如果希望無論到幾歲都能活得健康有活力，腸道與肌肉的保健非常重要。

在我的觀念中，腦部似乎不是最重要的。一般人認為，人體中最聰明、最重要的部位是「腦部」，但我一直覺得當腹部狀態佳、肌肉也有充足的活動，腦部也會充分運用，所以腦部的重要性應該是在腸道及肌肉之後。

腸道位於首位——對我來說，腸道就是影響身體狀況的主宰。

自古以來，就有把身體倦怠無力、整個人精神不佳的狀態稱為「腹部無力」

的說法，我覺得很貼切。所謂的腹部，就是指丹田，日本有不少用到「腹」這個字的諺語，譬如「腹が据わる」（淡定自若）、「腹に据えかねる」（忍無可忍）、「腹が立つ」（生氣、發怒）、「腹をくくる」（下定決心）、「腹を割って話り」（推心置腹）等等，由此可見日本人把腹部當成是生命的中心，比腦還重要。我也這麼認為，因為當肚子不適時，丹田就無法施力，而若是腹部無法施力，就什麼事都做不了。日本料理中，有一道將整塊白蘿蔔切薄片的刀法，聽說如果腹部無法施力，就沒辦法切出漂亮的薄片。當腹部無法施力，無法集中精神工作，也無法開懷而笑。

外在的美麗，是否該從腹部內在保養開始呢？

人體就像一根管子，從上到下、從裡到外，都是相連的。因此，當腹部的環境乾淨，外表狀況自然好。我一向對高價保養品沒興趣，也不去護膚中心，因為我認為管理好內在遠比保養外在重要。

「一切都是從管理好腸道開始。」──是不是覺得這個說法有點抽象呢？換言之，是否要先從隨時淨化腸道開始呢？

大約一年前，我邂逅了糯麥*這個食材。從此以後，一天裡會有一餐以糯麥為食，腸道狀況變得非常好。托糯麥之福，我覺得腹部內在環境很好，空空的感覺很棒，也不再有沉悶感，我很喜歡這樣的感覺。在腹部清空後，我會再攝取新鮮蔬菜或海藻類，有時候也會盡情吃肉或魚，我的身體很自然地想以這樣的方式進食。

身體是一根管子，所以維持管子每個地方的通暢，成了最重要的事。重要的是建立一個循環，讓水分和營養能通過管道、順暢吸收，不要的廢物也順利排出體外，打造這樣的循環環境才是保健之道。要淨化管子，食物當然就是重要的因素。

*大麥的一種，Q彈有嚼勁，食物纖維是白米的二十五倍，可有效抑制吸收醣類、預防糖尿病。

每天一餐吃糯麥，美味又健康

因為某次的工作關係，我曾受邀去北海道，訪問當地的大麥農家。到了當地才知道，在北海道東北部的鄂霍次克地區住著許多使用有機農法生產大麥、小麥、洋蔥等農作物的生產者，而且彼此之間建立了很棒的聯絡網。

每當造訪　處農家，他們就會告訴我們：「在我們這裡，還有〇〇〇〇的地方喔！」接著介紹下一位生產者，讓我們繼續拜訪。就這樣，我們在很短的時間內探訪了許多農家，並且發現到一個共同特點，就是每位農家所生產的農作物都非常美味。在鄂霍次克地區，我初次邂逅不會流眼淚的洋蔥；我是對洋蔥很敏感的人，只要經過正在切洋蔥的人身邊，就會流眼淚，也常因這件事被取笑。然而很不可思議地，這裡的洋蔥不會讓人流眼淚。

能與堅持信念、生產美味食物的鄂霍次克地區農家們結下美好的緣分，讓我非常開心。

其中，生產小麥的農家是一對友善的年輕夫婦。他們不嫌麻煩，誠實認真地工作，打造出美麗的田園。近年來為了家人的健康，除了種植小麥，也開始種植糯麥，一開始正式販售就成為人氣商品。

糯麥是一種大麥，有著彈黏口感的特徵，是非常優異的食品，能成為腸道益菌的來源，改善腸道環境，還可以減緩食物消化、吸收的速度，具有抑制糖質吸收的功效，據說可以降低血液中的膽固醇，讓數值正常。其實我周遭已經有人在吃糯麥，那位朋友曾跟我說，自從開始吃糯麥，很驚奇地壞膽固醇（低密度膽固醇）數值下降了，身邊也有許多人因為吃糯麥而變瘦了。

糯麥最常見的食用方法，就是跟白米一起煮成飯；不過，我不是跟白米一起煮成飯吃，而是比較喜歡直接吃煮好的糯麥。

我會取大約一個米杯的分量，在睡前用水洗淨後，用蓋過糯麥分量的水浸泡，放進冰箱一晚，隔天直接用浸泡的水煮滾後轉中火，中途試吃看看，煮到喜歡的軟硬程度就熄火。前一晚先泡水，早晨就可以利用清潔及準備的空檔煮糯麥。沒有泡水就煮的話，我想大概煮二十五分鐘左右，就能煮出適當的軟度。

煮好的糯麥有黏性，可以直接食用，但我不太喜歡這樣的口感，會特別用水洗掉黏稠感，然後將水瀝淨，再過濾到大碗裡。接著把盤子當作蓋子，放進冰箱保存。這樣可以保存三、四天，需要時就取喜歡的分量即可。

我喜歡將煮好的糯麥和紅豆（不加糖）放進碗裡，再倒牛奶食用。我本來很怕喝牛奶，但不曉得為什麼就是無法抗拒這樣的料理方式。想吃甜的時候，也可以加水果、蜂蜜或楓糖漿，不過我喜歡不甜的口味，所以都是只加少許牛奶食用；這也讓我知道，牛奶會因生產商不同，口感有著極大的差異。身為好奇寶寶的我，什麼事都想嘗試看看。

糯麥煮湯也超級美味，推薦加入蛤蜊、蜆等貝類來料理。將吐沙、洗淨的貝類放進鍋子裡，從冷水開始煮，就是美味高湯。然後加點鹽調味，再放入剁碎的番茄、糯麥、切塊的西洋芹，稍微煮一下，淋點橄欖油。光是這樣，就是一道讓人很有飽足感與滿意感的料理。我也會把糯麥加入雞湯裡或蔬菜湯裡食用，一樣美味無比。

自從開始攝取糯麥之後，我發現早晨醒來時精神很好，肚子的狀況也變好了。所以，如果有人問我維持活力和年輕的祕訣，我唯一的答案就是「飲食和運動」。

不過，我的法則不是攝取有益身體的食物，而是「吃美味的食物」。

雖然有人對我說：「雖然您說是吃美味的食物，但是這次您不也是吃了大腦認為對『身體有益』的食物嗎？連害怕的牛奶也敢喝了呢！」但他接著又說：「然而，這當中還是有所不同，您是自己嘗試之後，這才發現糯麥加不甜的紅豆、牛奶的組合，竟出乎意外地美味。」

說的沒錯。如果自己不覺得美味，就算多麼有益健康，也不會繼續吃。就是因為美味，家裡的冰箱才會常備糯麥、煮好的紅豆、牛奶等食材，想吃的時候輕鬆就能吃到。我覺得自己真的是遇到好東西了。

持續上健身房的堅持心意

大約從五、六年前，我開始上健身房。其實在更早之前，我就是健身房的會員，也持續繳交會費；不過，我根本連一次也沒去過，一直在心裡嘀咕著，交了會費卻沒去健身房，真的太浪費了，哪天一定要去取消會員資格。

直到五、六年前某個雨天，跟幾位知心好友約好聚餐，在赴宴途中使用手機地圖確認餐廳的位置時，因為只顧看手機，腳滑了一下。因為當時心情很好，在用餐時不覺得腳痛，可是回到家一看，發現腳腫了一圈；翌日去醫院檢查，才知道我骨折了。

醫生說必須立刻住院、進行手術，但當時工作行程滿檔，根本沒辦法馬上開刀，而是三個月後才動了手術。那段時間我一直忍痛在工作，現在回想起來，真的辛苦又難過。

當時突然有個念頭浮現：「啊，這件事是不是在告訴我該去健身房運動了？」於是我接受了手術、乖乖去復健，完全復原後立刻上健身房。

後來我告訴別人這件事時，都會說我是「反其道而行」。大家不是都說，腳骨折了會痛，不適合運動；而且女性五十歲以後，骨質開始疏鬆，好像有許多人怕會弄痛身體，不敢運動。

我卻反其道而行，沉痛地反省：「我一直不關心自己的身體，再這樣下去退化會更嚴重。從現在開始，必須鍛鍊身體、強化身體的柔軟度才行。」

在健身房接受教練指導後，更肯定我的想法是對的。畢竟專業教練的指導方式和自己所想的方法不同。教練會配合你的身體狀況，傳授適合的肌肉訓練方式，以及運動器材的使用方法，當下我「茅塞頓開」，學得很開心，也覺得運動很有趣。理解而運動跟完全不懂而隨意運動，兩者之間得到的成效是截然不同的。

我現在依舊持續上健身房，一週跟教練學習運動一次，其他時間若有空也會前往，就算教練不在身邊，我也會認真運動。

雖然學過器材的使用方式，大致上也能順利操作，可是其中有些器材的操作方法比較複雜，要配合身體狀況、按對鍵才會啟動，讓人老是忘記這些器材的操作程序。這時候我會向看起來像體育系學生的櫃檯服務人員求救：「我忘記操作方法了，您可以教我嗎？」通常大家都會耐心地協助。

不過，我原本就不喜歡運動，一直就對上健身房這件事不積極，所以才會當了這麼久的幽靈會員。即便是現在，還是會覺得「真是不想去啊！」，但去了以後，又感覺心情暢快、精神百倍，甚至會對自己說：「啊，上健身房真棒！」

所以，每次要上健身房前，我心裡總是會上演一齣糾葛小劇場。我會把「不喜歡」的想法先擺一邊，在心裡問自己：「去？還是不去？」

最後變成只問自己「做？還是不做？」——無論任何事，其實抉擇就是這兩項而已。當你有「一定要運動」、「務必要收拾」的想法時，答案只有「做」或是「不做」；而且，能做決定的人只有你自己，別人無法幫你抉擇。

當我選擇不去健身房、整天待在家裡時，就會後悔「如果有去健身房就好了」、「看來還是不可以什麼都不做」。其實，就算去健身房，我也不會一待就是三個小時或四個小時，最長只會待半小時、一個小時而已；只要活動身體，回程就會覺得整個人神清氣爽。

精神變好了，心情也跟著開心，常會覺得：「啊，有來運動真好。」我會開始自問自答：「所以，上健身房不是很棒嗎？只是找喜歡的器材運動一下，就可以回家了，是不是很輕鬆呢？」雖然討厭運動，但是我「選擇」去運動。

我就是這樣，絕對稱不上是意志堅定的人，而是容易搖擺、善變的人。雖然意志不夠堅定，但因為托這份「持續上健身房的堅持心意」之福，我有了肌肉，體態也變好，確實感受到自己的身體改變了。

家裡和職場都是健身房

就算開始運動了，身體也不會馬上有所變化。雖說感受因人而異，但我的情況則是要以好幾年為單位，才確實感受到自己的身體在慢慢改變。

如果要形容現今的身體狀況，就讓我舉個例子來說明吧！那是我參加某場茶會發生的事。當我拿著茶碗、正要還給主人時，不曉得怎麼回事，竟在主人面前翻身跌倒。結果那個重要的茶碗怎麼啦？等我回過神才發現我跌倒了，但茶碗好好地在我手上。茶碗安然無事，真是太好了！這時候客人紛紛拍手喝采，我當然也沒有受傷，一切平安。是不是因為我有在鍛鍊肌肉，身手才會如此俐落呢？

上健身房不是只有鍛鍊肌肉而已，還會做各種運動、活動身體。我從以前就一直持續上皮拉提斯課，只是沒有每堂課都去，至今時數還未上滿。幾年前我開始學習游泳，在家會練習深蹲，也會進行健身房教練教的伸展運動。

每個伸展運動都一樣，如果姿勢不正確，就不會有效果。比方深蹲運動就有各種方法，不過只有這個方法適合我：雙腳張開比肩幅寬，膝蓋不能往前突出，收緊臀部，往後突出。保持這個姿勢慢慢放下腰部，會覺得大腿前側與內側的肌肉在用力收緊，這就是運動發揮功效的訊號。我會每天做兩次，每次做十下。

此外，我還會做腹肌運動。腹肌非常重要。上皮拉提斯課時，老師總是提醒我們「你的肚子！」、「把意識集中於腹部」。游泳課老師也常說：「肚子、肚子、腹部出力！」腹部運動就是腹肌運動，乃是所有運動的基礎之鑰。

腹肌運動也是在家裡進行。我會躺在地板上，保持仰躺的姿勢，雙腳併攏、九十度上舉，然後再慢慢放下雙腳。重點在於「慢」，動作一定要慢，不可以舉高後馬上就把雙腳放下，慢慢放下才會產生重力負荷，也會覺得肌肉有在收緊。我大概做八下就會覺得無法繼續，但還是會堅持做到十下才結束。

在工作室工作最投入時，我也會集中意識，做點腹部運動。比方說要把放在櫃子下方的沉重鍋子拿出來時，我也會在起身之際讓腹肌施力，並且挺直背脊站起來。將疊在一起的盤子拿出來時，也會以這樣的動作拿著起身。總之，就是要有意識地運動。

不管是站著或坐著，只要腹肌施力，你的背脊自然會挺直，平衡的走路姿勢也相當美麗迷人。這樣的走路方式不僅體態美，腹肌也會施力，不會讓腰部感到負擔。我想是因為這樣，雖然「拿重物站起」的動作最容易造成負擔，但我從未閃到腰。

這麼一來，家裡就成為了健身房，工作場所也是健身房，無論是日常生活或工作時，我都在鍛鍊肌肉。擦拭打掃或收拾東西時，我也當成是運動，認真地活動身體。拿取鍋子或餐具時，只要將意識集中在腹肌動作，就是很棒的腹肌訓練。長此以往，家裡變乾淨了，身體也因運動培養了肌肉，真是一舉兩得。

就像這樣，我會在平日裡提醒自己多活動身體；可是，當一天工作結束時，我喊了一聲「啊，好累」，坐在椅子時，背還是弓圓的。那時候女兒就會突然大喊：「媽，你的背是圓的！」

這時候我只好趕緊回家，好好休息。不用在意任何人的眼光，躺在沙發上享受最幸福的時刻。

最近終於會游泳了

其實，我從小就有恐水症，非常怕水，連站在河邊也覺得很可怕，會盡可能地遠離河邊，甚至只能從遠處眺望海面。這樣的我當然不會游泳，更討厭沾到水。

雖然這麼怕水，我卻在五、六年前因一個念頭興起，開始去健身房上課，跟著教練學游泳。

到底發生了什麼事？其實，什麼事都沒發生，我並不是因為某個原因才去學游泳。只是，有時候我自己也會想，難道要當個一輩子都不會游泳的人嗎？

有一次，我和孫兒們在暑假時前往葡萄牙海濱度假，白天時，我發現每個人都在海裡或泳池游泳，只有我一個人坐在池畔發呆。看著大家快樂優游的樣子，我心裡想著：「如果我會游泳，會是什麼樣的感覺呢？」那時候突然很想體會在水中游動的感覺，這就是我想學游泳的動機。

既然決定要學游泳，那就要上游泳課。於是，我買了毫不起眼的樸素泳衣，將東西塞在尼龍素材的包包裡，就去上游泳課了。原本連腳尖碰到水都討厭的人，竟然願意從臉沾到水開始學游泳，其中的改變真是一段漫長的路程。不，不能說是一段路程，而是一段看不到終點的學習，但每次上課我都十分投入，到了忘我的境界。

游泳課一堂只有三十分鐘，這是我的極限。剛開始是一週上一次課，忙的時候變成一個月上三次課，有時候因故一個月只上一次課。總計起來，曾經一年待在水裡的時間不到十五個小時，但我仍繼續學習，沒有中斷。

我目前還在練習自由式，剛開始是由教練扶著我的手，我將手臂往前伸進行練習，後來教練慢慢放手，現在幾乎不用教練協助，我一個人也可以游自由式了。不過，我還是不太清楚自己是不是算會游泳了。

我非常依賴教練，只要教練不在身邊，就會緊張不安，害怕得不得了，覺得自己快要沉了。可是，這個過程也讓我實際感受到，不要過於緊張，只要讓身體放鬆、慢慢伸展，就會浮起來的道理。曾經很討厭臉沾到水的我，現在也會游泳了，不禁想自誇一下：「我這樣也算是長足的進步吧？」

只要有小小的努力，教練就會大大稱讚我；當我做不到的時候，教練也會鼓勵我不要灰心喪志。教練對我宣告：「你今年要以自立為目標，不要再依賴別人。」還勉勵我：「等你學會自由式，再教你蛙式。現在才正要開始，你要加油喔！」

「是的，遵命！」能遇到這樣給你加油打氣的人，真的非常感動。

不過，由於水中的呼吸方式跟陸地的呼吸方式正好相反，所以學起來很辛苦。在陸地是用鼻子吸氣，由嘴巴吐氣；可是在水裡是由鼻子吐氣，將臉露出水面時，用嘴巴吸氣——真的很難！對於不會游泳的人來說，光是呼吸方式相反這件事，就足以讓人膽顫心驚。

上游泳課就跟上健身房一樣，本來都是討厭的事，一邊內心糾葛著，還是硬著頭皮出門了。可是，去運動或游泳後，可能因為血液循環變好的關係，覺得雙眼視力變好了，頭腦清醒許多，腹部也變得緊實有力，當然睡得安穩又香甜。運動真的百利無害，我明明知道這個道理，但為什麼在開始之前那麼討厭，不想去做呢？人類的心理真的複雜又有趣，我就這樣一邊體察自己的心境變化，同時繼續運動著。

2 Chapter

關於儀容

美容方法？那是什麼東西？

關於美容的事，我真的沒想法，也毫不在意，我常說：「聽到這方面的問題，讓我實在很困擾，不曉得怎麼回答。」一位知道這件事、相當熟識的編輯老朋友就開玩笑地對我說：「出一本名為《有元葉子的終極美容書》的書怎麼樣？」當下我聽到，只是呆站原地，不知如何回話。

我平日就只洗完臉，為了保濕會擦點保濕乳液。雖然女兒說：「一定要擦精華乳！」但我也搞不清楚精華乳是什麼東西。游完泳後，臉會有點緊繃，我也是只塗保濕乳液，一直擦到臉不緊繃、感覺舒服為止。

我們全家基本上都崇尚自然主義，會盡量選擇天然原料製成的保養品。我和女兒都是喜好分明的人，無論任何東西，都只憑自己的感覺來選擇，不會受世俗評論的影響。也因為是根據自己的肌膚狀況，選擇用起來舒適的東西，所以每個人的喜好皆不相同。

一直以來我都不怎麼注重防曬，但近年的陽光強度實在異於往常，像我這麼不甚在意的人也開始注重防曬了。夏天開車出門的話，如果忘了擦防曬乳，靠近窗戶的那隻手就會曬到發紅，所以每次坐進車裡，至少不會忘記幫右手擦防曬乳。不過，早上擦了一次就夠了，不會再補擦。儘管大家都說每隔半小時就要補擦，但我從未這麼做過。

選擇乳液的基本原則，是肌膚不要有油膩感，以清爽的質地為主。我認為，塗抹在肌膚上的保養品，就跟身上穿的衣服一樣，讓人感覺舒適非常重要。

我的彩妝工具配備只有少數幾種，因為不上妝的時候居多，就算必須上妝，也只是擦點粉底、畫眉毛和塗口紅而已。之前疫情期間必須戴口罩的時期，連口紅也不用擦，我真心覺得輕鬆。所以去游泳等外出時，帶出門的化妝包裡也只有保濕乳和眉筆；旅行時，化妝品的量甚至不到一隻手的一半，因此非常輕便。

一直以來我都是以這樣的方式生活。當然，隨著年齡增長，自然會有一些變化，但我覺得沒必要去抗拒吧？對我而言，一切都順其自然，這樣就很好了。我就是我，不在意別人的眼光。即使有人說了什麼，最重要的還是自己感覺舒適。大概就是這樣的心態。

髮色，順其自然

我要染頭髮到什麼時候呢？這個問題應該是每個人的困擾吧？雖然最近吹起銀髮風潮，大家都說銀白髮很美，但還是有許多人繼續染髮。

我自己大概是在十年前停止染髮的。長期染髮讓我感覺頭髮的質量開始變差，而且一直染的話，會不清楚「現在的頭髮本來是什麼顏色？」，讓我感到很不舒服。我覺得不了解自己真正的模樣，總覺得有些奇怪。

當我下定決心不再染髮，就真的不染了。可是，我知道有很多人心想不再染髮，卻仍然猶豫不決。當白髮開始冒出來，就是會忍不住再染髮，我完全能理解這樣的心情。雖然想試著不染髮，一旦面對白髮大量冒出的現實情況，還是會大受衝擊。要度過這種難堪的心情，需要很大的勇氣，也有點辛苦。

可是呢，等你度過這道難關，順其自然以後，就會發現髮質變好了。我就是這樣的情況。

我的頭髮本來就不是純黑色，而是略帶棕色的色調，現在混合了白髮，變成了一種說不清楚的漸層色。平時我會將頭髮隨意在上方束起，用髮夾簡單固定，這已經成了我的標準造型。如果有一些碎髮掉下來，我就用定型噴霧稍微整理一下，讓它們不再散亂。雖然有人會稱讚說「很漂亮呢」，但其實只是為了避免工作時頭髮掉下來造成妨礙而已。

我的髮夾品牌是固定的，我喜歡亞歷山卓（Alexandre de Paris）的產品。這是來自法國的品牌，過去在日本並沒有販售，所以我以往都是在倫敦購買的。現在在日本的百貨公司就能找到，網路上也可以輕鬆購買。雖然亞歷山卓也提供鑲嵌珍珠或施華洛世奇水晶等華麗設計的款式，但日常使用時，我盡量選擇沒有裝飾、簡約大方的款式。

亞歷山卓的髮夾價位確實稍微高一些，但它在固定效果和穩定性上與其他產品完全不同。大概是因為它的夾合設計和彈簧品質特別好，能牢牢抓住頭髮，即使劇烈運動也不會鬆散或掉落。

而且它非常耐用。一般的髮夾屬於消耗品，彈簧很快就會壞掉，雖然亞歷山卓的髮夾最終也會損壞，但壽命至少是其他品牌的三倍，能減少替換的次數，完全對得起它的價格。

雖然我希望盡量支持日本品牌，但不得不承認，歐洲一些長期製作優質產品的品牌確實有深厚的實力。即使是消耗品，他們也能做得更加耐用。我選擇它並不是因為品牌名氣，而是因為實際使用後感覺確實很好，所以一直愛用著。

以頭部按摩促進血液循環

我一年裡大概會去髮廊兩到三次，其中有一次是去燙髮。隨著年齡增長，髮絲變細，頭髮失去蓬鬆感，只好去燙髮。既然要燙髮，就選擇較不會讓頭髮受損的溫塑燙，而且也比較容易整理。

上髮廊的目的不僅是想讓專業人士整理髮型、修整髮質，還有一個重要的原因，那就是做頭皮ＳＰＡ。

頭皮ＳＰＡ真的非常棒，強烈推薦！它能徹底清潔頭部的汙垢，據說自己用洗髮精洗頭時，還是會有不少汙垢殘留。而頭皮ＳＰＡ能將這些清理乾淨，搭配頭皮按摩，感覺非常舒適。即使我對臉部或身體的美容護理沒什麼興趣，對頭皮ＳＰＡ卻完全著迷了。

不過，一年我也就只做兩到三次而已，雖然據說每三個月做一次會更理想，但我還是遵循自己的節奏，沒有特意增加次數。

我在家也會按摩頭皮，可是我不會按摩臉，這樣的行為是不是很有趣？

每次泡澡時，我會用雙手，用相當大的力道、像是要將頭骨和頭皮分開一樣進行按摩。一開始，皮膚會貼在頭骨上，不太能動。但隨著雙手用力抓住頭部，左右或上下移動搓揉，頭皮會逐漸變得能動起來，頭部也會變得柔軟。

這種按摩方法並不是向誰學的，而是我自己發現的方式，但會這麼做是有淵源的。

那是孩子們很小的時候，當時我還是全職家庭主婦。有一次，一位媽媽朋友邀請我參加作家五木寬之先生的講座，我記得那是一場在飯店舉辦的演講餐會。出乎意料的是，我被分配到了最前面的座位，五木先生就在我面前向大家演講。

當時的五木先生有一頭豐盈的黑髮，瀏海稍長且側分，這樣的髮型正是他的註冊商標。他說：「我呢，已經十天沒有洗頭了。不過，我會做這件事來取代洗頭。」他用雙手抓住頭部，開始動作，讓我們看到了他如何靈活地活動頭皮。他說：「只要這麼做，就算十天不洗頭也沒關係。」哇，原來是這麼一回事……當時我的心被打動了，回到家馬上試做看看。

然而，我發現自己的頭皮緊緊貼在頭骨上，根本無法動彈。想到五木先生能那麼輕鬆地活動頭皮，真是讓我大吃一驚。於是，我開始思考，這不只是關於是否洗頭髮，而是頭部活動是否能促進血液循環，這應該是對身體有好處的吧？從那時起，我每次泡澡時都會進行頭皮按摩，至今已經堅持了多年。

最近，頭部按摩對美容的好處越來越受到關注。想擁有充滿活力的美麗面容，其實應該先做頭部按摩，而不是直接按摩臉部，這其實是很有道理的。

畢竟，身體的各個部分是相互聯繫的，頭部、臉部，甚至是身體內部都是相通的。因此，與其在外部塗抹護膚霜或美容液，倒不如讓頭部變得柔軟、促進血液循環，或者清理腸道，調理身體內部，這樣反而更為重要——我是這麼認為的。

購買質感上乘的衣服

曾經有人稱讚我穿的衣服，對我說「您身上穿的這件針織上衣真美」、「外套的顏色很漂亮」，雖然很高興，但我每次的反應都是：「啊，你說這件嗎？這是很久以前買的舊衣服。」

我的衣櫃裡的衣服大多是我穿了十年、二十年甚至三十年的長久之物，因此每當收到誇獎時，我總覺得有些不好意思。

有一次，某本型錄雜誌刊登我設計的生活用品時，編輯聯絡我說：「有好多讀者打電話來，詢問『照片上有元女士穿的那件針織衫在哪裡買的？』呢！」讀者關注的不是身為主角的商品，竟是我穿的針織衫。我心想，我到底穿了哪件針織衫啊……把雜誌找出來翻看，原來是我約在三十年前買的米色毛衣。

還有一次，又有讀者寫電子郵件給我，詢問：「我想您的穿著一定是造型師幫您準備的，請告訴我您照片中穿的那件襯衫的品牌。」那次我穿的是二十年前買的米白色襯衫。

我一直對時尚打扮感興趣，可是，我不太常買衣服。因為我覺得，現有的衣服就夠我穿了。

我選擇衣服的要點首先是材質，會挑選觸感佳、品質優良的衣物，像是優質的喀什米爾羊毛。普通的羊毛會讓我覺得刺癢，所以我會避開。我也喜歡麻和絲綢材質，優質的棉花也讓人感覺舒適。現在化學纖維的材質已改良得非常優異，不過，化學纖維會老化，並不是能夠使用數十年的素材。

品質的優劣，往往體現在一些不經意的細節上。優質的衣物，無論是領口、袖口，還是與身體的貼合度都非常精緻。而且，當你熨燙衣服時，品質的差異會非常明顯。首先，側縫絕對不會偏移。如果作工粗糙，熨燙時側縫就會歪曲。

在設計上，我會盡量選擇簡約的款式。畢竟，領口的設計和整體的輪廓是非常重要的。像是圖案繁複或帶有荷葉邊的衣服，與我的風格不太相符，而且穿著這類衣服時，行動起來會讓人感到不方便，所以我不會選擇這類款式。

即使價格稍高一些，但材質和剪裁優良的衣服，還是禁得起長時間使用的，穿個十年、二十年甚至三十年都不成問題。所以，從長遠來看，我認為這樣的投資並不算昂貴。

另外，衣領上的標籤會讓我感到刺癢，實在無法忍受，會讓我坐立不安。因此，無論是什麼品牌的衣服，我都會把標籤剪掉。雖然這樣可能會辨識不出品牌名稱，但我穿衣服並不是為了穿品牌，所以完全不在意。

這幾年，我對時尚有一些感觸。「快時尚」*很受歡迎，服裝似乎已經成為了一種消耗品。人們不斷購買價格親民的新衣服，又不斷地淘汰。那些賣不出去的衣服也被大量丟棄。丟棄＝製造垃圾。而這些垃圾最終會去哪裡呢？據說，在歐洲賣不出去或被當作垃圾的衣服，會被大量運往非洲。我曾在電視紀錄片中看到，當地人行走在放眼望去皆是被棄置衣物上的場景。那麼日本呢？為了滿足對新衣服的需求，將自己的垃圾送到其他國家，真的需要做到這種地步嗎？

我聽說，即使是那些專注於打造高品質服飾的日本小品牌，由於委由工廠生產，還是得生產一定的數量，因此不得不將許多剩餘的衣服丟進大型垃圾袋中，這讓我感到心痛。

*亦可稱為速食時裝、廉價時尚、低成本時尚，為大眾化時裝品牌，是指在短時間內推出潮流服飾的商業模式。

像這樣過度生產新商品的現狀，無疑是有問題的。我們必須做些什麼才行，而這責任落在我們每個人身上，更具體來說，是落在我自己身上。

地球暖化問題日益嚴重，例如，日本北方的海域已經無法採收昆布。如果完全無法再採到用來熬製高湯的昆布，日本料理將會面臨什麼樣的改變？這讓我感到憂心。為了盡可能減緩暖化，我們能做到的，就是盡量減少垃圾的產生。從這個角度來看，考慮「這件衣服是否能穿二十年、三十年」來挑選衣服，將會變得越來越重要。

據女兒說，我很早以前就常這麼說：

「你買的東西就代表你自己。」

「你吃的東西會變成你自己。」

女兒在部落格「你有好好吃東西嗎？」*也這麼寫：

「一直以來，我都看著母親對於『消費』這件事抱持謹慎的態度，年輕時我不太明白這句話的意義，但現在終於懂了。從一個人的消費方式，竟能清楚地窺見他這個人是怎麼樣的。還有，對自己購買的東西負責到底，這也是非常重要的。」

不僅是衣服，無論是工具還是其他物品，重要的是珍惜並長久地使用它們。在使用的過程中，有破損或綻線就好好修復，直到徹底用盡為止。對於我自己也是一樣，我希望能全力以赴地活到最後，充分發揮自己的價值，然後畫下句點。這就是我的願望。

＊http://chantotabeteru.com

我的日常穿搭哲學

我真的每天都穿差不多一樣的衣服：T恤和長褲。

說到T恤，大家可能會想到棉質的，但冬天我經常穿的是喀什米爾材質T恤。因為是直接貼身穿，質地輕薄且觸感柔軟的喀什米爾材質非常適合。喀什米爾是既透氣又保暖的材質，穿起來非常舒適。即使在冬天，只要是在室內活動，穿這一件也不會覺得冷。

我喜歡那種領口寬度剛好可以直接套頭的設計，袖子和衣身剪裁貼合身體，衣長既不會太短也不會太長。像這樣剪裁和設計的T恤，是我衣櫃裡的常備款式。

如果有合適的成衣款式，我也會直接購買。由於每天都會穿，因此我會選擇同款的衣服，買不同顏色的，比如白色、黑色和深藍色。然而，幾年後當我想再買一樣的衣服時，常常發現店裡的設計風格已經改變了不少。所以，我現在穿的T恤，是七、八年前在義大利買的款式。

我在義大利的家位於著名的喀什米爾產地，即使是很小的城鎮，也至少會有一家喀什米爾專賣店，而且可以訂製。我每次去訂製時都會特別叮囑：「我要像穿T恤一樣穿它，所以剪裁要貼合身形哦！」他們會按照我的要求仔細量身，製作出完全合身的衣服。如果袖子太長或太寬，就會很麻煩，因為在料理時會妨礙動作。

沒錯，我穿的衣服就像制服一樣，是以方便搭配圍裙為前提的。喀什米爾T恤搭配貼身長褲，腳上穿運動鞋，然後在這個造型上繫上一條圍裙，這就是我的標準穿搭。

如果袖子是蓬鬆飄逸或袖口敞開的款式，做菜時肯定會弄髒吧？如果總是擔心弄髒衣服，就無法專心下廚了。所以，我會選擇袖口和整個袖子都貼合的T恤，再加上一副防汙、防水的尼龍（這種情況下化學纖維最好）製成的袖套。

很少人在廚房工作時會套袖套，但對我來說是必需品，只要用過一次就會懂得它的好。如果穿上撥水材質的袖套，就不用擔心袖口會弄濕，可以安心從事需要水洗的工作，尤其是穿著長袖上衣的冬天，更是少不了袖套。

當然，圍裙對我來說也非常重要。圍裙就是我的制服，一直以來我都是選擇棉麻或撥水材質的布料，依照我喜歡的剪裁款式訂製。此外，也會製作同材質、同顏色的袖套組合，提供給需要的人購買。

大約一年前完成的「工作圍裙」，就是我認為的圍裙理想形態。

在設計這款圍裙時，我最注重的是材質的選擇。經過長時間的尋找，最終找到了一款日本產的優質材質，既能防水防汙，也不會太薄或太厚，穿起來輕盈舒適。

至於設計，延續了以往的風格，簡單大方，沒有多餘的裝飾。而且穿上這款圍裙後，整體看起來比只穿衣服時更簡潔俐落，身形也更顯修長。

「工作圍裙」與我們以往的圍裙不同之處，在於它可以完全遮住臀部。即使穿著像緊身褲那樣的衣服，只要套上這件圍裙，也可以自在地去接收快遞包裹。它還設有大尺寸的外口袋，綁帶設計也非常便利，輕輕解開就能快速脫下，使用起來非常順手。

這是為了徹底應對廚房工作而設計的「工作圍裙」。換句話說，不做廚房工作的話，可能用不上它。

回到服裝話題，其實我也喜歡裙子，只是工作時，裙子會帶來不便，無法跪在地板上擦地。當然，我也有外出用的連身裙。雖然很少機會穿，但如果晚上去餐廳吃飯，我會選擇不緊束腹部的連身裙——畢竟，如果穿著緊身褲把腹部勒得緊緊的，就無法好好享受美食了。

這就是我的穿搭ＴＰＯ＊。重點不在於迎合他人的目光，而是以自己的舒適為基準。

＊關於服飾禮儀的基本原則，即服裝要考慮時間「Time」、地點「Place」、場合「Occasion」。

舒適&經濟，我對鞋襪的堅持與選擇

對於穿在身上的東西，尤其是直接接觸皮膚的物品，我最注重的是舒適感，而非外觀。如果是像髮夾這類配件，使用起來要方便舒適；如果是衣服，則需要貼合身形，觸感柔軟舒適。

鞋子則比較麻煩。我有輕微的拇趾外翻，能穿的鞋子本來就有限，再加上之前腳骨折過，選擇更少了。以前我也穿過高跟鞋，但現在幾乎完全不穿了。日常多以運動鞋為主。夏天的鞋子隨便穿穿就行，但到了天氣涼爽的時候，Brunello Cucinelli 的運動鞋是最適合我腳型的。剛好我在義大利的家離這家品牌的公司很近，那裡還有附設的專賣店，購買起來也很方便。

穿裙子或洋裝時，搭配球鞋是很帥氣，但有些場合並不適合這樣的穿搭。雖然這樣的機會不多，偶爾也會接到合作的企業派對邀約，這時候我會穿上高跟鞋赴約，但長時間蹬著高跟鞋實在很累。鞋跟本來就是非自然的設計，所以高跟鞋當然是不符合人體工學的產物。穿了它，不過是徒增身體的負擔罷了。

我有一雙很久以前在倫敦買的 Sergio Rossi 黑色漆皮涼鞋，雖然有一點跟，但奇怪的是穿上後並不會讓腳痛。這雙鞋的設計簡單，細細的漆皮帶來一種優雅感，所以當我穿連身裙時，就會選擇搭配這雙涼鞋，並穿上一雙薄薄的黑色絲襪。

至於絲襪，我認為質量好的才是最重要的。我自己選擇的是 Wolford，這是我長期以來的偏好。

Wolford 是來自奧地利的品牌，一旦穿過他們的產品，你就再也無法穿其他品牌的了，因為它們實在太舒適了。現在在亞洲也能買到，網路上也有銷售，但我一直都是在倫敦的一家店裡購買。每次去那裡，我都會一次購買很多盒，因為絲襪和褲襪是消耗品，使用得多，數量自然也需要足夠。

Wolford的切割工藝和材質都非常出色，穿著感受與其他品牌完全不同，無論是厚度還是顏色都有豐富的選擇。就拿黑色來說，他們有多種不同的黑色，每種黑色都有其獨特的感覺，我最喜歡的是「Nearly Black」，這是一種帶有些許墨色調的黑色。深藍色也非常漂亮，還有接近膚色、透明感十足的顏色亦十分迷人。在初春天氣微寒卻不想穿褲襪時，Wolford的絲襪正好有合宜的厚度，而且有各種各樣的款式選擇，能滿足不同的需求。

絲襪和褲襪無法試穿，光是看商品目錄也無法完全了解，所以我會先買一條感興趣的試試看，穿過之後才會確定「我喜歡這種」，並記住那個品號。與日本品牌不同的是，Wolford是歐洲的老字號品牌，不會像某些品牌那樣輕易停產，所以哪怕過了幾年，還是能找到相同的產品。

雖然價格較高，但按照「好東西能長久使用」的法則，某些商品的使用壽命確實很長。比如褲襪，十年內應該都能穿，從長期來看，這樣的投資反而是經濟的。

營造好眠環境，讓身心充分休息

我的睡眠時間大約是七個小時。我會盡量在午夜十二點前上床睡覺，如果超過了這個時間，對我來說似乎不是很好。因為跨過日子後再睡，隔天起來總覺得精神不太好。

日本NHK教育頻道的《ETV 2355》，是一個從晚上十一點五十五分開始播出的五分鐘節目。內容雖短，但每天都不一樣，有時是歌曲，有時是一些簡單的小實驗，都十分有趣。它給人一種輕鬆的感覺，非常適合作為睡前的放鬆時光。即使我熬夜到了很晚，只要這個節目一開始，我就會想著「再過五分鐘就要到明天了」，於是節目一結束，我就會立刻去睡覺。

我的寢室裡只有一座高到天花板的整面牆書櫃和一張床。床是深棕色木框的經濟雙人床*，歷史悠久。配合床的木框顏色，寢室的地毯也選擇深棕色，搭配純白的被褥和枕頭。所以我的寢室就是深棕色與白色組成的世界。

照明使用的是可調光的嵌燈，但我習慣在全黑的環境下睡覺。所以，一旦進入臥室，我甚至不會開燈，而是直接在完全漆黑的環境中入睡。我不會在床上看書，因此床邊也沒有放置閱讀燈。

偶爾，我也會遇到難以入睡的情況。這時，我會播放一張ＣＤ，比如克拉拉·哈斯基爾（Clara Haskil）演奏的鋼琴協奏曲等，將音量轉到最小。那種古早年代的錄音，音質略微模糊，但這種質感讓人覺得舒適；奇妙的是，它能幫助我快速入眠，實際上，我幾乎沒有一次聽完過整張ＣＤ，總是一會兒就睡著了。

我並沒有使用鬧鐘，而是將 iPhone 的鬧鈴設置在早上七點。不過，鬧鈴響之前的五分鐘，我總是能自然醒來，趕在鬧鈴響起前將其關閉。夜裡，我幾乎從不醒來，一覺到天亮。我認為夜間清醒會影響身心的充分休息，所以睡前我會避免使用電腦或手機，盡量不讓大腦受到刺激。

當我醒來時，會立刻從床上坐起並開始行動。我完全無法賴床，醒來的一瞬間就已經起身行動了。這是一種自然的反應，讓我自己也覺得好笑，心想：「怎麼又這麼快起來了呢？」有時我甚至希望自己能多躺一會兒，但身體就是忍不住要動起來。

不過有點不好意思的是，每次醒來後，床鋪都會亂得不成樣子。可能是因為我睡覺時動作很多，枕頭常常被甩到某個角落，甚至被子也會翻個方向。我聽說孩子睡覺時都會這樣，因為他們在睡夢中調整身體，所以多動其實是

* Semi-double，比標準雙人床再小一點。

件好事。但我對此完全沒有感覺，只知道醒來後床總是一團亂。

因此，我每天早上的第一件事就是整理床鋪。我會拍鬆枕頭，重新鋪平被子。這樣簡單的床鋪整理，成為我一天的開始。

加了許多蔬菜，從冷水開始慢慢熬煮的蔬菜湯，有時候晚餐只喝這個湯。

非常推薦糯麥！煮好後放在冰箱，可以保存好幾天，隨時能吃到。

糯麥吃法非常多樣化，可以跟番茄一起煮成湯，吃了很有飽足感。

室內拖鞋首重舒適。日本品牌 Sanax 所生產的 Moco 系列是我的最愛。

燙衣板的熨燙面很寬，是我向長期合作的 Dinos 提出要求特別訂製的。

工作圍裙和穿了二十年的純棉 T 恤，我的穿搭原則就是「不會妨礙工作」。

「Alexander de Paris」的鯊魚夾，可以將頭髮完全固定，不會有髮絲散落。

家裡抹布是歐洲亞麻材質的大尺寸布料，統一收納於有襯墊的竹籃裡。

約三十年前在巴黎買的喀什米爾針織外套。雖然有點變形了，但每次穿上都會被讚美。

3 Chapter 關於居住

料理研究家的廚房，首重「動線佳」

家裡的飯菜是連接人與人之間的紐帶。即使是親子之間發生爭執，當大家坐在餐桌旁，一邊吃著剛煮好的米飯和溫熱的味噌湯時，爭執的氣氛不知不覺就消失了。當我們一邊說著「很燙哦」，一邊一起吃剛煮好的義大利麵時，平常的時光又回來了。我認為，「我們家的飯菜」具有這樣的力量。

無論是調整自己的身心，還是調整家人的身心，平常的飲食都很重要。要「好好做飯」，廚房必須是「好好整理過的」，這是我個人的看法。如果廚房雜亂無章，不能保持清潔，就無法做出精緻的料理。我認為，做飯、打掃和整理是相互聯繫的。世間上所謂的「那家店的廚房雖然髒亂，但料理卻是絕妙的」這種情況，大概是不存在的。

在我短暫旅居英國期間，有個我非常喜歡的電視節目，這個節目的內容就是派某位明星主廚去重整、拯救沒客人上門的餐館。這些處於困境中的餐廳，無一例外地衛生條件差，廚房裡亂七八糟，員工完全沒有幹勁。明星主廚抵達後，做的第一件事就是打掃廚房，教導店家如何進行打掃與整理。廚房是餐館的核心，擁有潔淨明亮的廚房，正是打造生氣盎然、魅力十足餐館的第一步！我認為每個人的家庭也該擁有潔亮的廚房，所以非常喜歡這個節目，每次我都會認真地從頭看到結束。

在東京某區有間我很喜歡的小型中華料理店。這真的是一家非常小的店，甚至廚房也非常狹窄，但我覺得很有趣的是，看著餐廳裡的三位員工流暢地協力工作。他們大力炒菜、快速將食物裝盤送上、還有迅速清洗餐具，當我看著他們工作時，感覺很有趣，也讓我覺得非常舒暢。

之所以能如此俐落，原因在於廚房裡沒有一件多餘的物品。狹窄的廚房如果擺了贅物，就無法流暢地工作，導致工作節奏變慢。這間店就做到了這一點，廚房裡只擺著「會用到的器具」和「會用到的數量」，這些東西整齊地擺放在「使用空間」裡。所以雖然廚房很窄小，擠進三個人依然能行雲流水地工作著。

一個井然有序的廚房，就是一個沒有多餘物品、便於工作的料理場所。那些雜誌上看起來光鮮亮麗的廚房，不一定是日常能保持整潔並讓人愉快工作的地方。

關鍵在於人處於其間，是否可以順暢地走動、工作？是否有打造出高效率的動線空間？重點不在於外觀的美，而是應該以打造一間「動線佳」的廚房為目標。動線佳的感覺是因人而異，自己覺得如何，每個人的感受都不同。最好在內心問問自己：「覺得如何？動線流暢嗎？」

料理的基本之道

我有在 Instagram 直播和 YouTube 介紹做菜，影片一律沒有經過彩排，也沒有編寫劇本，全是直接現場直播，將我平日下廚的模樣直接呈現在鏡頭前。

有一次在 YouTube 觀賞我介紹「自家風玉子燒」的影片（有元葉子女士的「專屬這個季節的樂趣」Vol.20）時，覺得很不可思議，不禁嘟囔起來：「奇怪，我竟然會說出這樣的話！」影片裡的我很詳細地說明每個用具的擺放位置，包括：裝了蛋液的碗要放在這裡、油要放在哪一邊、筷子和刮勺要擺在馬上就能取得的位置……等。

其實影片可以只介紹煎蛋方法，但我認為用具的擺放也是非常重要的環節，這是一般烹飪書籍不會介紹的料理訣竅。食材和用具一開始就要準備齊全、擺放在方便取得的位置，因為這些事情會左右料理的成敗。

在烹飪中途發現少了某個東西，再走開去拿取的話，這道菜絕對會失敗。常有這樣的事，在你走開去拿個隔熱手套的時候，鍋子的料理都煮焦了。尤其是需要一鼓作氣完成的煎蛋之類的料理，最基本之道就是一開始就將所有東西準備齊全，不可以中途離開。製作其他料理時，我也一樣會在腦子裡想著步驟，並依照步驟事先準備好所有材料和用具。

上一篇文章提到的中華料理店，也會事先將材料和用具準備妥當，並且擺放在適當的位置，後續作業才能如此流暢。無論是餐館的廚房或一般家庭的廚房，該做的事是一樣的。

可是，實際情況又是如何呢？是否有許多家庭都沒有擺放調理用具或材料的空間？家中的調理檯變成廚房雜物的擺放處，等要做菜的時候，就沒有空間可以擺放盛裝切好蔬菜的缽盆。

我常常這麼說，「台所」（廚房的日文）就是有座「檯」的地方。處理調理工作的「檯」正是廚房的核心所在。只要有了工作檯，就算在馬路上或在森林裡，無論身處何處，隨時都可以料理。我曾在沖繩的繁忙街道上或洞穴裡拍攝過，親身經歷過沒有檯子的地方做飯有多麼困難；也曾學習英國廚師傑米·奧利佛（Jamie Trevor Oliver）的作風，把板子放在膝蓋上，當作檯子來做飯。

工作檯並不是越寬敞越好，如果你家的調理檯變成置物檯的話，只要稍微收拾一下，也能打理出寬敞的檯面。

開始做菜時，就把缽盆、隔熱手套、砧板等用具擺在調理檯上，等烹調工作一結束，這些用具就要迅速退場，接著把空無一物的調理檯擦拭乾淨，才算工作結束——這樣的步驟，每天都應該保持。

我會在當天工作的最後擦拭廚房的地板，有時候是用拖把擦拭，有時候是跪著用抹布擦。用抹布擦地板會有種痛快的感覺，讓心情煥然一新！而且我不只會擦廚房的地板，還會連客廳的地板也一起清潔。用抹布擦地板會活動到整個身體，就好像在做運動一樣，十分舒暢。對我而言，像這樣愉悅舒暢地使用廚房，是我人生與生活中最重要的事。

分分秒秒都要認真生活

想像自己住在什麼樣的地方，或是夢想退休後過上鄉村生活，這些關於居住地的想法和夢想是很有趣的。不過我呢，先不說因為在旅行途中愛上了當地的風土民情而定居義大利，在日本也是邂逅了有緣的土地或城鎮，而在當地定居生活。要住在哪裡，並非出自我的選擇，而是不得已要住下來，幾乎都是順其自然的結果。

無論住在何處，無論在什麼樣的住家生活，我都會盡心打造當時的居住環境，成為最適合自己的最佳生活樣態。在我的人生經驗中，無論是狹窄的家或極寬敞的家我都住過。狹窄的家自有它的生活模式，寬敞的家也有適合它的居住方式，最重要的是營造出最適合自己的生活樣貌。

畢竟，一味地抱怨也於事無補吧？與其這樣，倒不如竭盡心力改造現有環境，成為最棒的居住空間。我會評估收納空間與欲收納物品之間的容量平衡，整理物品，以方便拿取為前提擺放在櫃子裡，力求簡潔舒適感。不管你的家很小或超寬敞，只要像我這樣願意絞盡腦汁布置生活空間，就能擁有愜意愉悅的居家生活。

在費用沒有限制的條件下所布置的家，與額度有限條件下所能整理出的舒適居家，兩者的成就感截然不同。不過，我並不討厭在有限的條件下，花費心思（挑戰）來設計出一個舒適的生活環境，反而覺得能經歷這樣的挑戰是個很棒的經驗。

再者，雖然是狹小的出租公寓房，若能竭盡心力親自打造出舒適的生活空間，第二次的機會絕對會降臨。那是屬於你自己的真正「第二次」，也就是說，你將會朝期待中更好的生活環境邁進——這是我的真實感受。

人生有各式各樣的機遇在等著你，而且在這個社會變遷迅速、大自然也瞬息萬變的現代，沒有人能保證永遠都生活在相同的環境中。然而，儘管如此，只要在當下的情況盡自己最大的努力去生活，就足夠了。對於生活，對於工作，只要盡力而為即可——我真心覺得這樣就好。

挑戰竹籃收納法

我非常重視「賞心悅目」這件事。我不認為追求輕鬆安逸是好的，所以比起單純的「快樂」，我更重視「愉悅」。比方說，當我全神貫注地將白蘿蔔切成漂亮細絲時，我會感到賞心悅目；當陽臺上的茴香開花時，我也會感到賞心悅目。

我希望我的居家環境也是如此，能夠住在一個賞心悅目的空間裡。

當我目光所及之處都是由天然材質製成的物品時，我的眼睛就會感到愉悅，我相信很多人都有這種感受。人類是動物，是大自然的一部分，所以天然材質的東西會讓我們的眼睛感到平靜，觸摸起來也十分舒服。

舉例來說，我從以前就很喜歡竹籃，家裡和工作室裡有無數個竹籃。有五十年前買的、用飛驒藤蔓編織而成的手提竹籃，也有約在四十年前買的義大利薩丁尼亞島竹編托盤、以水草編織的英國竹籃、柳枝編成的法國竹籃、去越南和印尼旅行時買回來的亞洲風格竹籃，不勝枚舉。此外，還有使用長野戶隱山根曲竹編織的竹籃，以及使用稻草、野草、木通果或山葡萄等在日本山野中採摘的植物枝蔓編織而成的竹籃，這些我都非常喜歡。

我並沒有搜集物品純欣賞的嗜好，竹籃對我的工作助益良多。

我將平常廚房安裝吊櫃的地方換成安裝架板，做成開放式的櫃子，之所以會想到這麼做，是我在改裝義大利住家的時候，那位義大利建築師給我的提議。在義大利住家的廚房，常會用到摘取葡萄時必備的短提把竹籃，我也在日本的家中採用了這種風格，在木架上放置各種籃子，用來收納烤箱手套、抹布、垃圾袋等零碎物品。由於籃子被放在視線以上的位置，因此看不到裡面的物品，視線只會停留在籃子的質感與編織的趣味上。

這個架子的設計在深度上也別具匠心。事實上，與視線高度接近的層板深度較淺，而更高位置的層板則稍微加深。乍看之下並不容易察覺這些差異，但每層的深度其實不一樣。這樣一來，上層可以放置較大的籃子，而下層因為架子的深度較淺，不會帶來壓迫感。

順帶一提，左頁的照片展示了深度不同架子的模樣。架子上除了籃子，還有一個木桶（上層靠前的位置），這個桶是用來清洗餐具和蔬菜的。這是很久以前在京都的「TARU 源」（たる源）買的，過去曾用作浴桶，但現在家裡的浴室不需要浴桶，所以改用在廚房。由於經年累月的使用，木條之間已經有些縫隙，我打算近期將它送回「TARU 源」修理。無論是籃子還是木製、陶製的工具，都可以經過修復後長久使用，這正是它們的迷人之處。

在玄關，我用一個深型的英國柳條籃來收納拖鞋。在客廳，則用稻草編織

的淺籃來整理遙控器。除了作為收納工具，編織結實的籃子還非常適合用來搬運貴重的古董器皿或容易變形的點心和麵包。當我去陽臺摘取香草或覆盆子時，會帶上一個網目細密的小手提籃和廚房剪刀。即使籃子不使用時，隨意擺放或吊起來，也能讓視覺感到愉悅。天然素材的魅力，就在於使用得越久，其質感就越迷人。

看起來像神社的家

我覺得，那些擺放了各種喜愛物品、被物品圍繞的室內裝潢也很美好，有些房子看起來雜亂無章，卻十分有型——然而，這種風格對我來說不適合。家裡到處擺著漂亮物品或可愛物品，抑或是珍貴的古董，這樣的擺飾風格無法讓我的靈魂之窗有喜悅的感受。

我的「賞心悅目」標準，是盡量不要讓物品映入眼簾。因此，我會將生活用品盡可能地收納進櫥櫃裡，除了使用時，其他時間不讓任何東西暴露在外。不管是廚房、客廳，還是玄關，都是如此。

對我而言，「賞心悅目」就是沒有顏色的「無色調」。白色或米白色（淡米色或麻黃色）的無彩房間讓人覺得舒服。家裡的沙發、地毯、坐墊、百葉窗、訂製的櫃子等，全部統一為白色到米白色的色調。正因為沒有鮮豔的顏色，微妙的色彩差異反而顯得更加豐富，光影的變化也更為美麗。

我心目中的「賞心悅目」因素是自然材質。餐桌使用純正的櫸木，廚房的操作檯則是無漆的橡木板。此外，我會以植物編織的籃子收納零碎的生活用品，並盡可能讓籃子的質感成為視線的焦點。

只要觀察植物，當然就會讓人有「賞心悅目」的感覺。秋天時，我會採集落葉的藤類枝條，把它們捲成環狀，做成花圈，掛在房間裡裝飾。陽臺上的鐵線蓮枯萎後，我也會將它的枝幹做成花環。鐵線蓮的枝條真如其名，像鐵絲一般堅韌。這種特性讓我感到既有趣又美麗。它讓我意識到，不只是盛開的花朵才具有美感。

然而，有一天——或許是一年後，也可能是兩年後——我突然進入一種「想要一切歸零」的狀態，將所有花圈和裝飾品全部處理掉。當這些物品陪伴我一段時間，給予我足夠的愉悅後，我開始注意到它們堆積的灰塵，會想把一切清空。有時，什麼都沒有的狀態，反而能真正享有「賞心悅目」的時刻。

不是只限於擺飾品，對於不常用到的鍋子、器皿或家具，一旦有了「似乎不需要」的念頭，我就突然進入不想擁有物品的心境模式，只想把它們處理掉，送給有需要的人。最近正是如此，所以我家現在真的幾乎什麼都沒有了。

有一次我不在家，女兒來幫忙給陽臺上的花草澆水，她說：「媽媽的家好像神社一樣呢。」家像神社一樣，聽起來會讓人覺得冷清嗎？相反地，我覺得散亂或積滿灰塵的地方，才讓人感到寂寞。對我而言，或許「賞心悅目」就是一種「心靈沉靜」的感覺。

即使只有五分鐘，也能動手整理

我經常整理櫥櫃裡的東西，家裡的物品常會變換位置，不會一旦決定要收納於何處，就一直擺在相同位置。我的生活型態經常在改變，每當我想著：「那個東西的方向這樣擺會比較好拿取吧？」、「這個位置不利收納，應該要換一下櫃子的位置！」時，就會動手來個小改造。

而且，儲存空間是有限的，我本來希望盡量不要擁有太多東西，但不知為何，東西總是會自然地越積越多。

當覺得使用不方便，或者櫥櫃裡變得雜亂無章，讓人感到不舒服時，就是該「整理的時候」了。

在新冠疫情期間，我想大家都一樣，減少了工作量、避免與人接觸、盡量不外出，大部分時間都待在家裡。而在那段時間，我首先做的就是整理。從冰箱裡的東西、儲物間的食品庫存、放鍋具的櫥櫃、客廳裡裝文具的抽屜，到衣櫥裡的物品，我徹底整理了那些平時就一直想處理的地方。

當我終於可以說「所有地方都整理完了，已經沒有需要收拾的了」時，才開始有心情去嘗試一些複雜的料理。那段時間，我難得地製作了一次正統的千層派，算是久違的挑戰。

對我來說，只要有時間，第一件想做的事就是整理。不過，像疫情期間那樣可以專心整理的時間並不多。所以，我通常會利用短短的五分鐘來整理。

比如，當我打開抽屜，發現裡面變得凌亂、需要整理，但我只有五分鐘，接著就必須出門時，我就會在那五分鐘內做力所能及的整理。即使整理到一半也沒關係，我會想：「等下一次有五分鐘時，再來完成吧！」

注意到的時候，就是整理的時候！如果拖延，就容易忘記，堆積問題只會讓整理變得更加困難，就像功課一樣。與其積壓到最後才處理，不如採取「發現問題時就一點一點地解決」的方法，這是我推薦的方式。

改變居家景觀，給自己前進的力量

我從小就喜歡建築和室內設計，因此一有想法就會馬上改變房間的布置。每天生活在同一個空間裡，自然會發現「這樣調整可能會更好」。

比如，一個人移動桌子對我來說很簡單，只要在家具下面墊一條舊毯子，稍微抬起來，把重心集中到一點，就能輕鬆移動沉重的家具。從我投入育兒生活開始，這些事情就已經是家常便飯了。那時候甚至連貼壁紙都是自己動手，所以居家改造早已成為我生活中的一大樂趣。

因此，每隔半年或一年，來我家的客人總會說：「哎呀，家裡的樣子又變了呢！」

而說到這　年來我家的最大變化——

我將原本放在陽臺一側的餐桌移到客廳的內側，然後在原來放餐桌的地方擺放了一張大沙發。這張沙發是一款帶有收納床功能的沙發，內部隱藏了一張額外的床，沙發的靠墊裡還藏有羽絨被。客人用的寢具通常會占用不少空間，但這款沙發平時是一張寬敞且舒適的座椅，搭配柔軟的靠墊，非常適合放鬆使用。這是來自義大利品牌 Flexform 的設計，我選擇了帶有稍微粗糙質感的米色布料，為空間增添了一種自然柔和的氛圍。

餐桌的椅子也進行了更換。以前使用的是以紙纖維製成的輕便 Lloyd Loom 椅子，顏色有白色和淺藍色，但這些椅子現在被移到了其他位置。目前餐桌搭配 HOWE 的椅子，整體風格變得更加簡約和現代感。

此外，經過近一年的等待，我訂製的工作椅終於完成了。因為我通常會在餐桌上處理書寫工作，所以一直希望能有一把可以滑動的帶輪椅子，但我不想在客廳裡放一張看起來過於普通的辦公椅。最後，我在 Fritz Hansen 的展示間找到了符合我喜好的設計，並從豐富的布料樣本中挑選了米色的布料，製作過程耗時約一年。結果沒有讓我失望，無論是坐感還是外觀，我都非常滿意，覺得等待是值得的。

因為一直保持相同的模樣會讓人感到厭倦，所以我想以這樣的方式來改變家中的景色。

更換家具是件大事，但我認為即使是些微的改變也很好。比方說，檢查了一下放在客廳小抽屜裡的物品，結果發現裡面幾乎都是不需要的東西。於是我把抽屜清空，並將抽屜移到其他地方使用。而抽屜原來的位置則變成什麼都沒有的空間。只要稍作改變，就能讓新的景色開始誕生。

對於目前正處於想減少物品模式下的我，非常享受什麼東西都不擺的「空無」狀態。

改變家中的景色，也能讓心情煥然一新。就像時間的流逝一樣，人不可能長久保持不變，我自己也在每一個瞬間改變著。因此，居住的環境也不應該一成不變，而是隨著自己當下覺得舒適的感覺，慢慢地進行調整。當你看到不一樣的景觀，會帶給你一股前進的力量，而不是停滯不前。

玄關的景色

玄關可以說是居家的門面，但我家的玄關什麼也沒有，只是一個給人潔白空間感的地方。

一走進我家玄關，就能看到一扇高及腰部的窗戶，下方原本有一個內建的鞋櫃。但由於我並沒有太多的鞋子，所以在搬進來進行翻修時，決定將鞋櫃拆掉。這樣一來，下方就露出了一個混凝土製成的長凳型結構體。我心想：「哇，這樣的造型真有趣，就維持現狀好了。」於是將這個長凳部分刷上與地板相同的米色，原封不動地保留了下來。

這個長凳上，我有時會放上一個美麗編紋的竹籃，有時候到了傍晚，則會點上一些蠟燭。隨著不同的時刻，我享受著這些變化帶來的「景色」。

然而，最近這個地方……竟然變成了磨刀的場所了呢！我買了一臺瑞典製的磨刀機，雖然是家用款，但這臺機器配有馬達驅動的旋轉磨輪，看起來就像專業人士使用的高級磨刀設備。

在此之前，我一直用普通的砥石來磨刀。然而，刀具的數量不少，是一項需要耐心的工作。某天，一位朋友帶著他愛用的磨刀機來我家，熱心地教我如何使用：「我們家用的這款磨刀機很不錯，推薦你試試。」確實感覺不錯，於是我也買了一臺相同的機器。

這臺機器相當重，所以我將它放在裝有輪子的板子上，平時藏在不引人注意的儲藏室裡。使用時，只需輕輕一推，就可以用輪子將它移到玄關，然後放在長凳上。我則盤腿坐在地板上開始磨刀。玄關的採光和長凳的高度剛好適合磨刀，因此玄關自然就成了我的磨刀場地。

多虧這臺機器，家裡的刀變得更加鋒利……本該是這樣說才對。不過，我家的刀雖然確實能切，但每把刀的刀刃上都滿是畫痕。這是因為在磨刀時，刃面總是難免會被刮傷。磨刀這件事其實挺難的，不過真的非常有趣！可能有人會覺得「太危險了」，但我就是喜歡挑戰這類事情。我想總有一天，我會變得更擅長磨刀。現在，我就在玄關努力精進著自己的技術。

推動生活的齒輪

材質輕薄的喀什米爾T恤就像是我的制服，幾乎每天都會穿著它。曾有人問我：「你的衣服是喀什米爾材質，洗衣服時怎麼洗呢？」當然不可能每次穿完都送去乾洗，所以我選擇在家裡自己清洗，而且直接使用洗衣機。我認為喀什米爾材質的衣物其實更適合在家清洗，因為這樣能洗得更乾淨。

我家用的是德國製的滾筒式洗衣機，只要將三到四件喀什米爾T恤放進洗衣袋中，加入少量專用洗衣液，選擇洗衣機的羊毛模式即可。這個模式清洗得又慢又輕柔，雖然需要花大約一小時，但衣物的質感完全不會受損，而且洗得非常舒適乾淨。

清洗結束後我不會用烘乾機，而是用厚毛巾將水分輕輕吸乾，然後掛在浴室裡帶有電熱功能的管子上烘乾，最後再用熨斗稍微燙平。

有些人可能會覺得熨衣服是件麻煩的事吧？我也不怎麼喜歡熨燙衣服這個工作，可是，看到原本皺巴巴的衣服經過熨整後變得筆挺整齊，就會很開心，我喜歡這種感覺。

把整理好的衣物收進衣櫥的指定位置，然後穿上它去工作，接著再清洗、熨燙……這不就是一種「循環」嗎？讓這樣的循環持續進行，就是生活的本質。不管是整理還是打掃，並不是我喜歡做這些事，而是因為透過整理和清掃，可以將混亂或骯髒的地方變得整潔乾淨，這種過程讓我感到愉快。我想，這是因為我喜歡讓生活的各個環節順暢地轉動起來吧！總之，我就是喜歡過日子的感覺。

為了讓生活的循環進行得更加順暢而不造成壓力，好的工具是必不可少的。洗衣機是其中之一，此外，一個好的燙衣板也同樣重要。

我使用的是一款日本製的燙衣板，大約是十多年前，在Dinos的一次活動中看到的。他們當時展示了現有的款式，並詢問我們是否有改進建議，還說：「如果有什麼需要改善的地方，請告訴我們，我們會進行改良。」於是，我提出了幾個要求：「熨燙表面要大一點，加厚墊層，覆布要使用耐熱的麻布……」最後他們按照我的要求製作了這款燙衣板。

國外品牌的燙衣板雖然大，但操作起來不方便，而日本製的則太小，總是找不到剛剛好的。所以這款按照我的需求訂製的燙衣板，真的是幫了大忙。現在我在熨衣服時完全沒有壓力，我想這款燙衣板現在應該仍然可以在Dinos 購買到。

每天早上出門前，我只需要拿出燙衣板，用兩、三分鐘就能把一件喀什米爾T恤熨得平整。就像整理一樣，如果「今天只有五分鐘」，那就在這五分鐘內熨幾件衣服，剩下的留到下次處理也可以。

如果將需要熨的衣服累積起來，一次處理可能會耗費好幾個小時，所以無論是什麼家務，都不要拖延，多多利用「五分鐘」的空檔時間熨衣服或整理物品。其實，生活的「循環」很可能就是靠這些小小的齒輪推動著的。

推薦順手打掃法

曾經有人問我：「忙碌的時候容易忘記該做的事情，您會列什麼『待辦清單』嗎？」對此，我從未制定過類似的清單，也沒有什麼每天必須打掃、每週一次整理之類的規定。

我的原則很簡單：發現需要做的事，就立刻去做。

例如，如果我看到地板上有垃圾，就會想：「該用吸塵器清理了吧？」接著就拿出吸塵器來清掃。既然已經拿出吸塵器了，我就會順手推著它移動到其他房間，把那裡也一起清掃了——這就是所謂的順手打掃法。

擦拭清潔也是一樣。如果我注意到某個地方有灰塵，就會立刻拿出抹布來擦掉；擦完後，順手再擦拭一下其他地方。這種事情通常只需要一、兩分鐘。抹布的一面用過了，另一面還沒用，那就乾脆再多擦幾處吧！大概就是這樣的感覺。

玄關、洗手檯的鏡子、門把等地方，只要一發現「啊，好像沾到髒東西」時，我就會立刻動手擦拭乾淨。這樣一來，就不需要特地安排專門的「清掃時間」。

洗手檯也是一樣，每次用完都會順手擦乾淨。因為早晚一定會用到，所以一天大約會清潔兩次吧！這是從家裡還有家人一起住時養成的習慣。當時如果有人濺了水卻不清理，我也不喜歡太過挑剔地去指責別人。所以至少自己用完後，我會把它擦得乾乾淨淨。一天一兩次，能自己做好清潔就可以了，這是我的想法。

關於家用清潔劑，我認為只需要三種就夠了。雖然商店裡有各種標明「專用」用途的清潔劑，但實際上成分（原料）應該差別不大吧？只要根據汙漬的性質，選擇適合的清潔劑來使用即可。所以我通常會購買基本的清潔劑，參考使用說明、按比例用水稀釋，然後裝進可以噴霧的容器裡使用。這樣就不需要擁有各種瓶瓶罐罐的清潔劑，櫥櫃內部也會變得更加整潔。

我使用的三種基本清潔劑分別是：去油汙的小蘇打粉、清除水垢等鈣性垢的檸檬酸、清除黏垢的研磨劑（例如不到一百日圓就能買到的「KANEYO 清潔劑」）。

小蘇打粉是一小杯兌五百毫升的水稀釋，當成家用清潔劑使用，到處都可擦，也可以擦拭瓦斯爐周邊。如果要清潔油汙嚴重的換氣扇，我會直接將小蘇打粉撒在換氣扇上，然後擦拭乾淨。

要清潔水槽時，就對著水槽倒檸檬酸稀釋液，再使用刷子刷洗，平底鍋的沾垢也是用檸檬稀釋液和鋼絲球刷洗。

清潔工具方面，除了地毯是用吸塵器清理外，其他地板我都用掃帚。我非常喜歡傳統的日本掃帚，它的輕便設計使其像手的延伸一般靈活，不僅可以徹底掃乾淨想清理的地方，還能將狹縫裡的灰塵與垃圾掃出。掃帚材質柔軟，對地板也不易造成刮傷。

我將掃帚的「指定席」安排在廚房旁的儲藏室深處，這是個不顯眼的地方。我在門上裝了一個磁吸掛鉤，讓掃帚的繩環掛在上面。不過，那個磁吸掛鉤的亮面讓我覺得有點顯眼，因此用黑色油性筆將它塗黑，讓它與黑色的門融為一體。

掃帚正是那種你一發現需要清潔時，就能迅速拿起來掃一掃的工具。拿出吸塵器感覺有些麻煩，掃帚卻可以輕鬆地掃一掃，然後馬上掛起來，結束後也不需要再做任何額外的整理，非常適合用來進行「順手打掃」。

至於吸塵器，讓我意外的是它需要額外的保養，甚至為了清理吸塵器，還需要準備一把小掃帚，總讓我覺得「怪怪的」。所以，這讓我越來越強烈地覺得，也許根本不需要吸塵器吧！

很喜歡看著用了許久的老舊鐵壺燒開水時，冉冉揚起的白色水蒸氣。

想喝茶時，會用水壺或小茶壺泡製，我從未想過喝寶特瓶裝的茶。

在義大利買的鐵絲編籃，現在是我家廚房必備品，當成洗好碗盤的濾水籃。

我非常喜歡竹籃，無論家裡或工作室都擺了好多竹籃。在廚房裡，我會把一些零碎的小物件放進籃子裡收納。

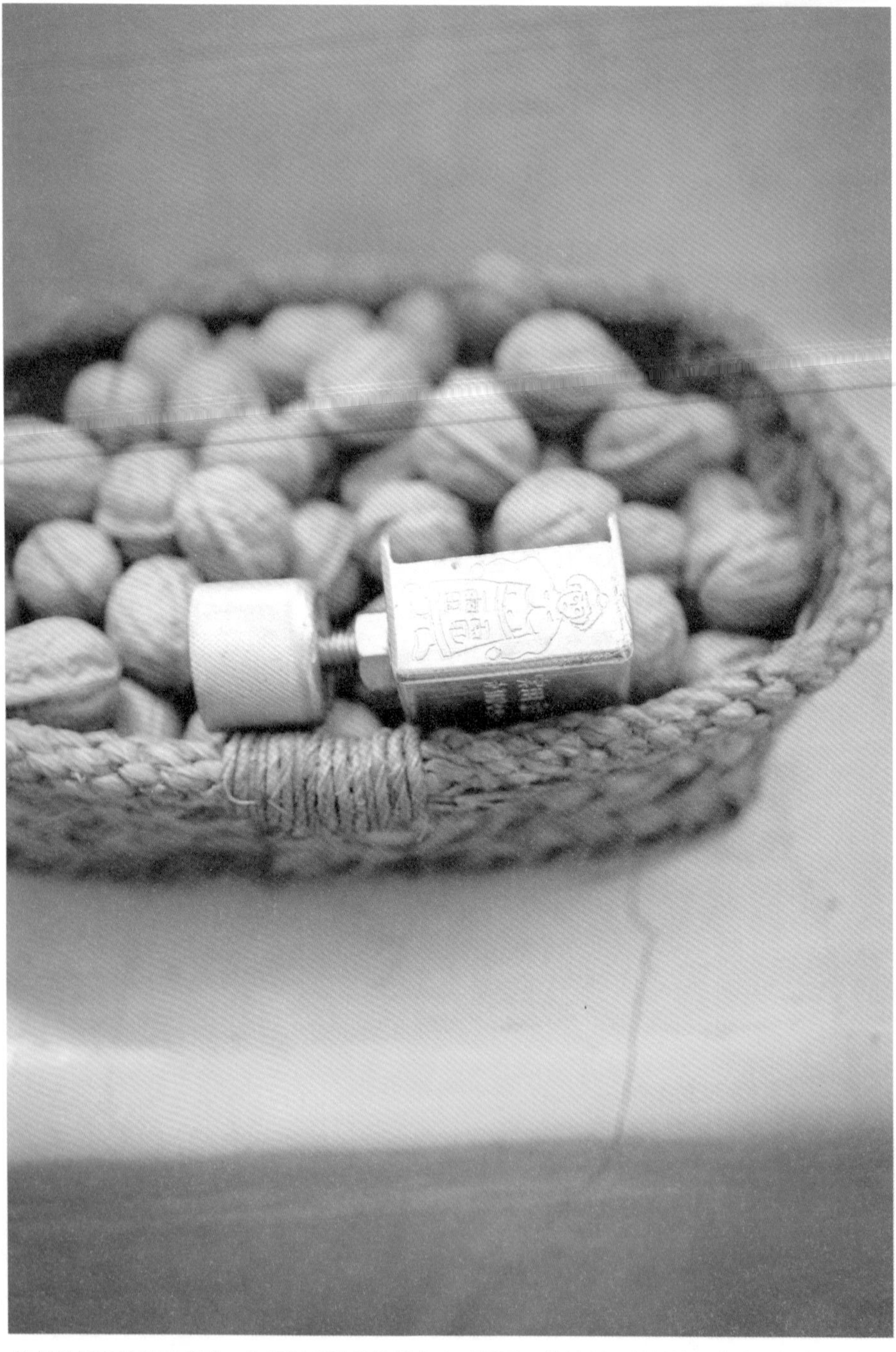

信州是知名的核桃產地，也是江戶時代相撲力士「雷電」的故鄉。基於這個背景，胡桃割器的設計融入了這樣的元素。

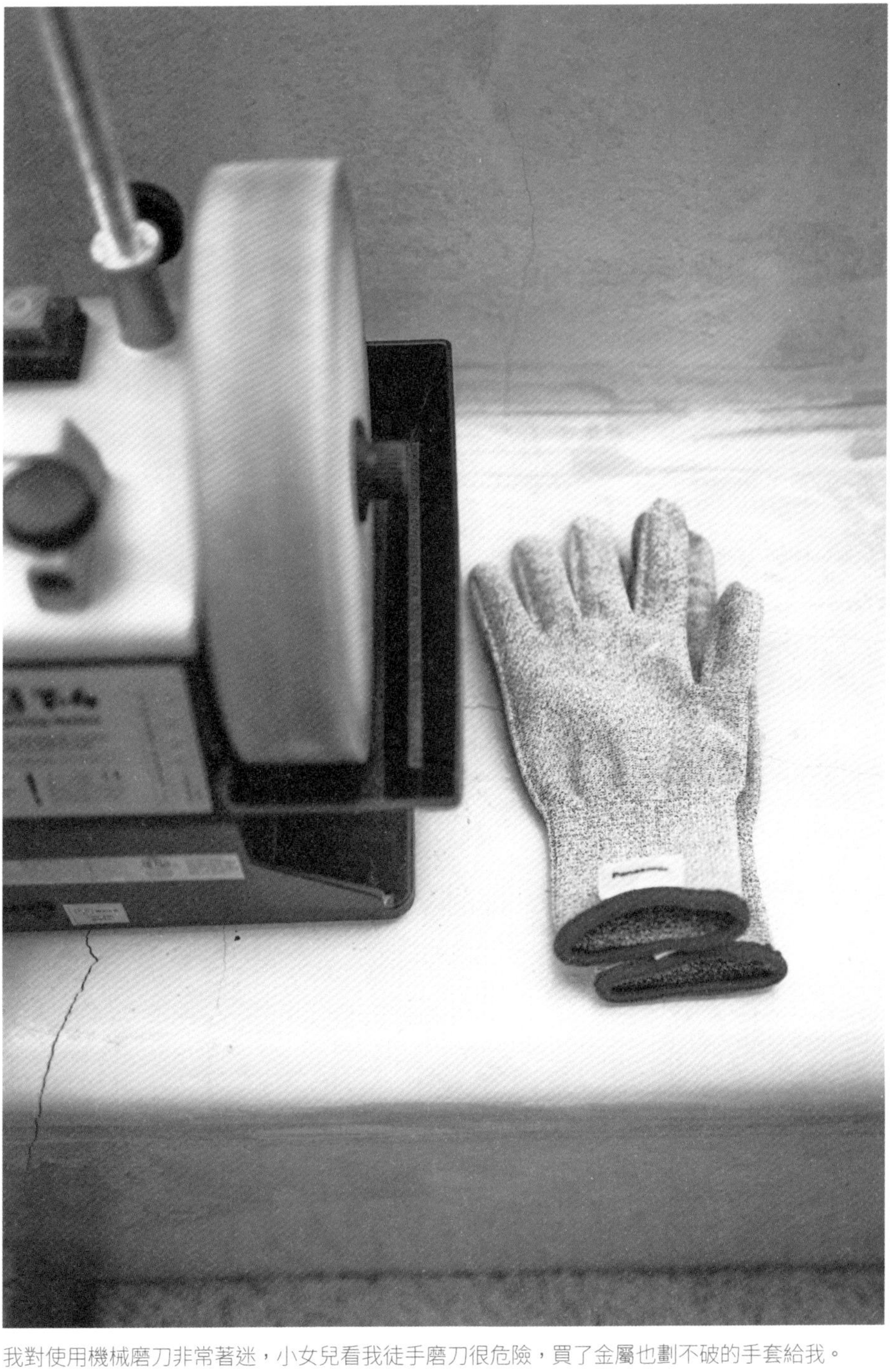

我對使用機械磨刀非常著迷，小女兒看我徒手磨刀很危險，買了金屬也劃不破的手套給我。

我家玄關是個空蕩蕩的空間。我會在小地毯處脫掉鞋子，再換上拖鞋入內。

這張 Gio Ponti 的椅子很輕，據說輕到可用小指輕鬆提起，是我很久以前買的，現在放置在玄關。

聽說，吊燈的最佳照明位置，是離餐桌六十公分的高度。確實，這樣的設置讓空間顯得更有穩定感，也讓氣氛變得更放鬆。

我在客廳的桌子上進行寫作工作，所以向 Fritz Hansen 訂製了這張附輪子的椅子。

我有一張可以展開容納兩人睡覺的沙發床。我特別喜歡它的設計，因為沙發的靠墊裡還藏有羽絨被，既舒適又方便。

客廳牆壁安裝了上下兩層的訂製櫃。從外面看不見到底收納了哪些東西，看起來更整潔、有條理。

廚房窗戶下面安裝了高度及腰的無門櫃。上層擺了兩個竹籃，分別收納亞麻質料的抹布和棉質抹布，並將各種編織方式的籃子並排擺放，真的非常賞心悅目。

4 Chapter

關於工作

人生折返點的五十歲，開始以料理為職

我在二十多歲時曾做過雜誌編輯，大約在孩子們漸漸不需要操心的時候，過去的熟人聯繫我，問我：「要不要再一起工作？」於是，我開始以自由職業的形式接編輯的工作。不過，或許是因為時代的變化，我感覺現在的商業化雜誌方向，和我二十多歲時自由創作的那段日子差異很大，總覺得不太適合自己。

就在我猶豫是否繼續這份編輯工作時，有一天，住在對門的音樂家鄰居迎來了一家女性雜誌的採訪。那位音樂家是我的朋友，拍攝過程中，他們用了我家的器皿，因此食物造型師來到我家。從那天起，我就跟這位食物造型師成為朋友，至今我們的交情已有三十年資歷，她就是食物造型師千葉美枝子女士。

那天我對她說：「請進請進，請隨意挑選您喜歡的東西。」當時，我只是借出了家裡的器皿而已。然而，不久之後，集英社的女性雜誌《LEE》來找我，邀請採訪介紹我家裡的大盤子和大碗缽。這便是我開始從事這項工作的契機。

一開始，我是以喜愛料理的主婦身分出現在雜誌上，但這成為了一個轉折點，讓我陸續接到工作。隨著時間推移，其他出版社的雜誌，甚至電視節目也開始向我發出邀約，接著連續出版了幾本料理書……不知不覺間，我變得忙碌起來。

當時的我大概是五十歲左右吧！如果把人生比喻成一百年，那麼我正站在折返點，意外地踏入了一個全然未曾想過的世界。

回想起來，當我還住在老家時，餐餐都是由母親料理，自己僅負責收拾善後工作。真是無法預料人生會發生什麼。相對來說，我認為人生正因為無法按照自己所想的方向前進，才更顯得特別。正因如此，父母想要為孩子的人生做決定，根本就是不可能的事情，不是嗎？

二十幾歲的雜誌編輯時光

讓我們聊聊一段有些久遠的往事。大約是六十年前的事，那是一個多采多姿的時代。

剛從學校畢業的時候，我到一位工業設計師的自宅兼工作室打工。雖然大概是扮演祕書的角色，但說實話，我幾乎沒有做什麼像樣的工作，而是整天坐在他的書庫裡翻閱美術書籍和建築相關的書。那真是個神奇的年代，連這樣的事情都被允許。

在書庫裡，我邂逅了世界三大知名懷石料理店之一「辻留」的第二代主人辻嘉一先生所著《懷石傳書》這套全七卷系列書。不僅書中講述的料理內容極具吸引力，連裝幀設計都十分精美，完全無可挑剔。即使是二十出頭的女孩，也會被這樣的作品深深震撼，全然被書中的美好世界所吸引，我感到這個世界竟然如此美妙。如果當時沒有遇見這套書，我想我應該不會從事現在這樣的料理工作（順帶一提，我立刻將這套書收藏了起來，至今仍然視若珍寶）。

就在這樣的日子裡，因為年輕，我開始對其他事情產生興趣。於是，我辭掉了打工的工作，並直接打電話給一家名為「VAN Jacket」的公司。這家公司以建立「VAN」這風靡一時的常春藤風格（Ivy Style）學院風服裝品牌而聞名，從產品設計到廣告都秉持一致的理念。

沒有人向我介紹這間公司，該公司也沒有提出徵人廣告，我就是突然有「想在那間公司工作」的念頭。當然，電話裡我也解釋了為什麼想要加入他們公司。剛好那時候接電話的人是石津謙介先生的長男——石津祥介先生。祥介先生以謙介先生繼承人身分，進入「VAN」工作，並對公司的成長做出了重要貢獻。到現在我們依舊有往來，可是，當時我完全不曉得電話那一頭的人是哪號人物。在交談過程中，祥介先生說：「那麼，明天開始來吧！」於是，我就成為了 VAN Jacket 的員工。

我既沒有任何工作的職場經驗，也沒有經歷面試或筆試，但竟然被一句「明天開始來吧」一直接錄用了，那真是一個有趣的時代。當時整個社會充滿了活力，甚至像我這樣魯莽的年輕人也能被包容接納。

由石津先生領導的 VAN Jacket 公司，早在一九五〇年代便率先引入美國文化，並在一九六〇年代讓美國傳統風格的常春藤風格風靡一時。他們不僅引領時尚，還致力於讓整體生活方式變得更有趣、更時尚。僅憑「VAN」這三個字母，就能讓人感受到前衛時尚的氣息，這家公司擁有將時尚與生活融合並提升到新高度的非凡魅力。

公司內部的風氣也十分有趣新奇，明明到了下班時間，卻沒人想回家。不是當場開起派對，就是大家一起出門逛逛或聚餐，每個人都把玩樂和工作融為一體。這是一家「找到讓自己全心投入的事就能成功」的公司，各種靈感往往就從遊戲中源源不斷地湧現出來。

我從千葉的老家通勤到公司，但總是很晚才回家。那時還沒有手機，所以我父親會帶著愛犬，站在車站閘口外的昏暗處等著我。我一方面感到很抱歉，另一方面又有種說不上來的複雜心情。他是在擔心這個不知道幾點才回家的小女兒……然而，對於剛踏入社會、正沉浸在有趣的事物和刺激體驗中的我來說，父親牽著狗在那裡等候的那個畫面，總讓我瞬間被拉回現實。

日本雜誌《*MEN'S CLUB*》創刊於一九五四年，當時使用的是其他名稱，後於一九六三年改名，據說是日本歷史最悠久的男性時尚雜誌。《*MEN'S CLUB*》從創刊之初就介紹常春藤風格的時尚，並與 VAN Jacket 保持著深厚的聯繫。有一次雜誌決定實驗性地製作幾頁針對女孩子的時尚專欄，而總編輯指派了我負責這項任務。他說：「你來做吧！」然而，我從未接觸過雜誌編輯工作，更何況 VAN Jacket 的主要業務是製作男裝，我完全不知道該在雜誌上刊登什麼內容。當我困惑不已時，總編輯卻說：「就穿你平時穿的那種衣服就行了。」換句話說，就是讓我把自己平時的穿搭介紹出來，做一個時尚專欄。這樣的話，好像可以做到，而且感覺非常有趣！

當時的《*MEN'S CLUB*》是婦人畫報社（現在的 Hearst 婦人畫報社）出版的刊物，因此我從那時起每天通勤到出版社工作。有一位員工專門指導並協助我，教我編輯的各種技巧，我們兩人一起全權負責整個雜誌頁面的製作。

那個時代市面上並沒有我想要的商品，因此，為了介紹我心目中適合女孩子的外套或襯衫，我特意向製作公司下單，讓他們專門為雜誌製作這些服飾。現在回想起來，這確實是一件非常奢侈的事。

我還會讓模特兒穿上這些服裝進行拍攝，那時並沒有「造型師」這個職業，所以從搭配衣服到蒐集鞋子、飾品等配件，都是由編輯來完成的。製作頁面構成、準備拍攝物品、選定外景地點、參與拍攝現場，甚至有時因為「模特兒不夠」，我還會被拉去充當被拍攝的對象。

隨著我製作的頁面大受好評，公司決定製作一本專為女孩打造的完整雜誌，《*mc Sister*》因此誕生。mc是「MEN'S CLUB」的縮寫，意指這是《*MEN'S CLUB*》的姊妹誌。《*mc Sister*》是一本專為十幾歲少女製作的時尚雜誌，創刊於一九六六年。從準備刊到創刊後的第五期、第六期全由我擔任編輯，這段時間雖然獲得不少幫助，但幾乎是我一個人完成了所有的工作。

如果雜誌的內容不夠，無法刊滿的時候，我會把為自己蒐集而做的剪貼本內容直接刊登上去。當時，美國的雜誌《*Seventeen*》和德國的室內設計雜誌《*Schöner Wohnen*》實在太迷人了，不僅是時尚，連室內設計和小物專欄也充滿品味，我非常喜歡，便將喜愛的頁面剪下來，拼貼成了好幾本剪貼簿。

在拍攝前的討論中，我經常拿著這些剪貼簿對攝影團隊說：「我想拍成這種感覺。」有一次，設計師看了我的剪貼簿後建議：「就直接把這些內容放上雜誌吧！」結果真的就這樣做了！

至今，我還保留著幾本當時的《*mc Sister*》作為紀念。我當時也為雜誌寫了後記，如今再讀這些文字時，會不禁感慨：「原來那時候是懷著這樣的想法在創作的啊！」

後記中我曾寫道：「《*mc Sister*》的各位，希望你們能不輸給男性，珍視常春藤精神的核心價值。不僅僅是時尚，還包括日常對話與娛樂活動的內涵。基於這樣的理念，我們策畫了如何舉辦派對、女性駕駛的建議以及女性民謠音樂團體介紹等內容，希望能成為你們提升心靈品味的一部分。」

這段文字讓人感受到時代的氛圍，但其實我內心的感受，和現在並沒有太大的差別。無論是美食、時尚還是生活方式，一切都是緊密相連的。所有的事物交織在一起，形成了屬於那個人的獨特性格，塑造了那個人的生活方式。

後來因為結婚生子，我離開了職場，之後過了很長一段時間的全職主婦生活，然而我內心深處這樣的想法，一直鮮明如昨。

讓生活變得賞心悅目

現在才說這些，可能會被認為有些晚了，但我對「料理研究家」這個頭銜一直有些抗拒。因為我總覺得，自己其實並沒有真正地進行什麼研究。

對我來說，在每天的廚房工作中，會偶爾冒出一些想法，例如「這樣做可能會讓過程更順暢」或者「這樣的搭配應該會很好吃」。當拿起食材時，我會用手感受它的質地，比如「這很柔軟，所以要輕輕地切」，然後進行處理。接著調整火候，甚至在清理用過的工具時，也會突然靈光一閃，想到「如果這樣做，或許會更好」。

我每天就是反覆嘗試這些點子，看看「成功了」還是「不行啊」，這樣一步步來。所以與其說是研究，倒不如說是身體先於頭腦動作，一切源於實際操作中的感覺和體驗，而不是什麼理性上的研究。

「實際動手做」固然重要，但我認為還有一件事也很重要，就是要營造「賞心悅目」的狀態。

所謂的美食，也就是讓人賞心悅目的食物。對著沸騰的滾水裡，投入菠菜，瞬間整鍋水呈現鮮豔的深綠色，每次看見都忍不住在心裡發出「真美」的讚嘆。紅蘿蔔、青花菜和玉米都會給人這樣的讚嘆。植物透過火的加熱，變成「食物」的瞬間之美，對料理人而言就是一種賞心悅目的喜樂。

如果能在盡量不破壞這般美感的情況下烹煮食物，烹煮出來的成品當然美味。所以，極端來說，若是在水槽裡堆滿髒碗盤的情況下做飯，很難能做好一道美味的菜。因為可能根本無法注意到鍋裡菠菜的美麗瞬間。

什麼時候洗碗、切好的食材該放在哪裡、湯勺和鍋鏟怎麼擺放，這些細節都包含在「料理」的過程中。要突然改變習慣或許有點難，但不妨試著在調理食物時，盡量把周邊環境收拾乾淨。這麼做的話，整體作業會更流暢，也能營造賞心悅目的感覺。

當你有了「營造喜悅的視覺」、「營造賞心悅目的感受」的念頭，不只你的料理會變美味，連生活也會整個變得舒適美好。我相信，這不只是對我有效，應該對大家也會有神奇的效果，就像一個靈驗的魔法咒語一樣！

全力以赴，竭盡所能

自從把下廚這件事當成工作以後，我真的嘗試了各種各樣的事情。剛開始的時候，對我這個曾是主婦的人來說，很多事情都是未知的。因此，只要有人邀請我，我曾盡量接受所有的機會。

這樣一來，我的日程一下子變得非常忙碌，甚至有過早上四點為了拍攝而在廚房裡烤羊肉的經歷。那時候連我自己都覺得奇怪，不禁在心裡嘀咕：「我到底在做什麼啊？」

雜誌社邀約的企畫案包羅萬象。能不能把專家設計的減肥菜單，用我的方式做成一道道時尚風格的料理？可否將女星澤村貞子小姐寫的菜單，做成料理刊登於雜誌？還有跟知名料理研究家進行廚藝對決的企畫（拍攝完的第二天，我就因為過度勞累而生病住院了）。

這些經歷過的每件事，都成了我最佳的學習與經驗，而且對於下一次有莫大的助益。

無論是料理工作還是其他事情，我的態度一直是全力以赴，將當下的力量完全發揮出來，使出百分之一百二十的力氣把它做好。毫無保留，這就是我一貫的生活態度。面對商品開發的工作、料理教室的工作、學生家長會幹部的工作，也一樣卯足全力去做。無論是資金不足還是場地狹小，我都會在當時的環境中，竭盡所能發揮我的智慧與力量。

這樣做的結果是，我所付出的百分之一百二十的努力，最終會轉化為百分之百的成果。若不努力發揮百分之一百二十，就無法達到百分之百——我認為每個人都應該如此，這樣才能成長。若不完全投入，就無法跨越到下一步。

我也經常告訴我的團隊和年輕人：「越是自己不擅長的事情，越要去做。」面對自己不擅長或不喜歡的事，若能勇敢地去挑戰，哪怕只是在某些方面變得不再那麼困難，也是一種成長，代表你的世界在擴大。如果不讓自己的世界逐漸變大，人生也會變得乏味。

我會去學游泳，也是基於這個想法。雖然不會游泳並不會對我的生活造成困擾，可是，當我稍微會游泳，或者立志一定要學會游泳而努力學習，這些努力的經驗讓我的世界變得更開闊了。

即使有時候覺得「現在的自己就很好」，但事實上，保持「這樣的自己」是不可能的。隨著時間的推移，每個人都會改變。年輕時可能會改變興趣，隨著年齡增長，體力和集中力下降時，「保持現狀」不僅不可能，反而會持續衰退。

因此，不管年齡多大，我都希望嘗試新事物。我希望不斷擴展自己的世界，盡全力做到能做的每一件事，讓自己不留遺憾。

再回到工作這個話題，我實在無法理解為何有人會抱持這樣的想法——只要做好被分配的工作，領到報酬就好了。當你被賦予某項工作，總要加倍付出努力把它做好，如果沒有這樣的付出，就永遠無法體會到工作的樂趣。工作不有趣，就無法持久；如果工作無趣，一定要自己想辦法創造出樂趣。

當你有「想想有沒有比這個更好的方法」或「如果是我的話，我會這麼做」的念頭，並且抱著這樣的念頭去做，工作就會變得樂趣無窮，任何工作都適用這個法則。

我是在偶然的機會下從事現在的工作，可是，無論是事務性質或護理工作，抑或是超市收銀員的工作，都應抱持一樣的工作態度——既然要做，就要使盡力氣去做。超市的收銀櫃檯若有結帳動作迅速敏捷的超級小姐，一定很有趣；如果負責銷售工作，就要努力達到完售的成果——面對工作一定要有這樣的氣魄，才能體會到工作的樂趣。

只要保持這樣的心態，就沒有無聊的工作。如果覺得工作無聊，那就全力把它變得有趣。這樣，人生的道路自會展開。

以古老的智慧提升家常菜品質

未結婚走進家庭前，我從未下廚過，每天只要用餐時間到了，飯菜就會出現在餐桌上。家母是位勤奮的主婦，她在院子裡蓋了一間漬物小屋，親手醃製酸梅、黃蘿蔔、米糠漬物，我只要負責吃就好了。

我是五個兄弟姐妹中最小的，是父親五十多歲時擁有的孩子，由於與父母之間有些年齡差距，所以從小非常受寵。母親去築地市場購物時，總會帶著我一起出門；經過玉子燒專賣店時，看到店家擺著許多黃色的大份玉子燒，總是津津有味地看著，捨不得移動腳步。放學回到家，就待在忙著為父親準備晚酌小菜的母親身邊，母親會讓我嚐嚐剛煮好的芋頭，試吃就是我的工作。

母親從不做西式餐點，總是細心地料理日式家常菜，她會用大量的柴魚做高湯，也會用剩餘的蔬菜做酥脆的蔬菜天婦羅，而現在我也在做這些。雖然母親沒有特地教我，但小時候在廚房看到的，以及每天吃到的味道，成了我今日烹調的基礎。

在我出生地的千葉縣市川附近，常會有從事農作的主婦媽媽背著裝滿剛採摘的新鮮蔬菜的竹簍來賣菜。雖然現在這樣的景象已經不太常見了，但我至今仍盡可能在自己生活的地方，購買新鮮的時令蔬菜和魚類，並使用傳統手法製作的簡單醬油和味噌等調味料，準備每天的飯菜。

我覺得過去的日本飲食文化，某種程度上比現在更為豐盛。現代的物質量當然多，也有更多的選擇，但是，過去的家庭飲食中蘊含著許多從古至今傳下來的智慧。尊重自然食材，並透過這些食材來維繫我們的生命，這是先人的智慧，我相信也帶有對未來的敬意。無論醃菜或味噌湯，都是如此智慧所傳承下來的食物。

我有一個想法，就是想將母親那一代所做的事情繼承下來，並分享給大家。

對於了解過去的人來說，這也是一種責任。

滋養身心的家常飲食

我家冰箱的蔬菜室裡，經常有小松菜。據說，小松菜的發祥地是東京下町的小松川村（現在的江戶川區西部），我很喜歡這個地方。

小松菜沒什麼青澀味，它跟菠菜不同，就算沒有先氽燙，也可以直接加入湯裡一起煮。我喜歡小松菜有其獨特風味，不容易變軟爛也是它的優點，無論涼拌或炒、燉煮，都很美味。秋天至冬天是盛產期，在市場常會看到長得漂亮的小松菜，即使在沒有葉菜類的夏天，蔬菜賣場也會看到其蹤影。夏天的小松菜雖然看起來比較纖細、孱弱，但有總比沒有好，所以我經常會買些小松菜回家。

將小松菜根部浸泡冷水一會兒，會吸收水分，接著水分會運行到所有細胞，原本皺巴巴的葉子也會變得像還在土裡那樣挺拔有精神。除了小松菜，所有葉菜類經過這樣的「養生」過程，加熱料理後不僅有咬勁，連香氣和口感都會截然不同，變得更加美味。

將小松菜的葉和莖分開，切成方便食用的大小。在鍋中倒入白芝麻油（未焙炒芝麻油），加入切成約一公分寬的油豆腐，將油豆腐煎得酥脆。等香氣變得濃郁時，淋上一些醬油，讓油豆腐吸收醬油後，放入小松菜的莖部一起拌炒，最後再加入葉子炒勻。

就這樣，「小松菜炒油豆腐」完成了！這是我非常喜歡的一道菜，怎麼吃都吃不膩，所以經常做。配上一碗剛煮好的白飯、一碗用小魚乾高湯煮成的味噌湯，再加上一點醃漬的糠漬菜，就是最完美的一餐，我真的常常吃這樣的料理。

小魚乾高湯的作法也很簡單，將五至六尾小魚乾（黑色的內臟要拿掉）放入一杯水中，放冰箱浸泡一晚，第二天早上過濾即可使用。因為沒有熬煮，一點魚腥味也沒有，湯頭清澈高雅，鮮美又帶有淡淡的甜味，並且具有濃郁的風味。我認為做味噌湯一定要用這種小魚乾高湯，真的大力推薦，各位一定要試做看看。

再者，小魚乾也有許多種類。當我渴望能買到美味的熟小魚乾時，竟然意外地邂逅了日本第一美味小魚乾專賣店。難道這就是所謂的心想事成？這真是個美好的邂逅，讓我無比開心。這間小魚乾專賣店就是香川縣的「山國」。店裡販售品質極優的小魚乾，在販售優質食品的店家或網路上也能購買。像小魚乾這類家常和食料理的最基本食材，我特別希望能選擇品質最好的。

我希望大家能品嚐像小松菜佐醬炒油豆腐、小魚乾湯底味噌湯之類的簡單料理。雖然可能需要花費一些時間，但其實並不難，也不需要使用什麼特別的食材。我一直期許那些使用傳統食材，以最簡單、天然方式做成的家常菜能成為每個家庭必備的基本菜餚。因為這樣的料理是最美味的，對環境不會造成負擔，同時滋養我們的心靈和身體。

認真對待家庭料理，用心過好生活

家庭料理是最美味的，也是最讓人安心、豐盛的。

餐館的料理因為需要盈利，所以會下許多工夫，當然也有價格實惠又良心的店家，在努力壓低成本的同時，盡量做出大家喜歡的味道。然而，為了滿足年輕人的食欲，外食往往口味偏重，油脂較多，熱量也較高。將「美味」形容為「像餐館的味道」，這讓我非常在意。有時候在試吃料理時，有人說「好好吃！像餐館的味道！」，我聽了真的感到十分沮喪。

「像餐館的味道」是一種讚美嗎？

料理的「調味」固然重要，但在家庭料理中，比調味更重要的是如何處理食材，特別是對蔬菜的前期準備。

決定料理美味與否的關鍵在於準備工作。只要確實做好準備工作，料理就已經完成了八成。只有不省略這個步驟，投入時間與心力，平凡的蔬菜涼拌菜也能變成特別美味的料理。我從不使用速食高湯、不購買已經切好的蔬菜，也不會使用市售的醬料或沙拉醬。正因為是家庭料理，所以能自由展現自己風格！帶著這樣的心態去做飯，就能呈現完全不同的美味，那種滋味會深深滲入心靈和身體。

透過料理這份工作，我想做的，是提升家庭料理的水準。

提升水準並不是指為了展示給別人而製作的豪華宴席，而是希望大家能吃到像是經過用心準備的炒小松菜，或是以小魚乾熬煮高湯的味噌湯。這些看似樸素的日常餐食，不僅讓人感到安心，還能重拾健康，讓我們的生活更加充實而有條理。我認為，認真料理，好好吃飯，就是充實的生活。

只要開始重視日常的餐食，人們便能察覺到店家提供的魚種變化，可能是由於海水溫度升高而引起的，進而關心自然環境。透過認真對待日常的飲食，甚至能影響這個國家乃至世界的未來走向。我希望，哪怕只是微微地將舵轉向一個更好的方向，也能為這個世界帶來一些改變。

設計能方便使用、品質優良的廚房工具

我從事廚房用具設計與製作的工作，已經超過二十年了。最初，廠商找上我，希望我能「從使用者的視角，提出理想的廚房用具建議」。當時，我的腦海中立刻浮現了許多設想。說實話，我懷疑設計廚房用具的人中，可能有許多人並不經常做飯，否則市場上為什麼充斥著用起來不太順手的工具呢？

多年來，我一直為家人準備餐食，加上料理工作的經驗，我與廚房用具接觸的時間並非一般人可比。在日常使用中，我經常想：「如果這裡能更貼合手感就好了」、「這個凹槽很容易積累汙垢呢」、「這個網目設計不太好，如果能瀝水瀝得更乾淨就好了」這些小細節都讓我深有感觸。

能夠用日本卓越的技術解決這些問題、製作出更實用的用具，這份工作讓我感到非常有成就感。

我們在不斷提出各種需求、反覆試製的過程中進行製作。由於我對使用便利性毫不妥協，因此完成一件用具通常需要一、兩年的時間，這種情況相當常見。即使投入了這麼多時間，最終無法實現的產品其實也不少。

最初推出的產品包括缽碗、托盤、砧板等，這些是每天會多次使用的基本工具。我們將這系列工具命名為「la base」，在義大利語中是「基本」的意思，代表基礎的廚房用具。

當今市場上也有很多價格便宜、容易入手的廚房工具，但這些用具很快就損壞或使用不便，最終只會被丟棄，成為垃圾，增加環境負擔。因此，對我來說，製作不會變成垃圾、能長久使用的工具，是產品設計最基本的原則。

連一根麵條都能夾起的夾子

缽碗、濾網、可以當缽碗和濾網蓋子的托盤；可站立的正方形砧板；不銹鋼托盤、方形濾網，以及兼作托盤與濾網蓋子的托盤；撈物和瀝水兩用的便利濾勺；可同時量取五十毫升與一百毫升的湯勺；能輕鬆刮取食材的矽膠刮刀；撒粉流暢不卡粉的篩粉器；美觀且穩定，容量充足的不銹鋼工具架；讓炸物料理變得不再討厭，附防油濺網的炸鍋；不易沾黏的鐵製平底鍋；手感良好且不易磨損，讓洗碗時光變得更愉快的海綿……

這些產品是「la base」系列目前的產品，已成為我日常生活中不可或缺的夥伴。我甚至不禁想，在這些工具問世之前，我究竟是怎麼完成日常料理的？越想越激勵我的心志，全心全意只想設計、生產對大家有幫助的商品。

我們目前也在持續策畫多款新工具的開發，像是最近上市的最新產品——夾子。因為市場上的夾子一直以來都不夠好用，在撈起煮熟的食材時，常會讓滾燙的熱水沿著工具流到手臂上。此外，當鍋中只剩下最後幾根義大利麵時，現有的夾子也抓不住。

「la base」的夾子成功解決了這些問題。它的左右尖端設計得像手指一樣，能緊密咬合，不會留有空隙，因此即使是鍋中最後一根義大利麵也能輕鬆夾起。另外，握把部分兩端不是曲折的設計，而是採用了平整的不銹鋼處理設計，不會讓熱水流進內部。

「la base」的夾子可以輕鬆夾起大把汆燙好的菠菜，連柔軟的海綿蛋糕也可以輕輕夾起，甚至可以用它將生薑細絲小心地放在擺盤好的料理上。換句話說，這支夾子跟尖細形狀設計的夾筷一樣，可以用來處理最細微的盛物擺盤作業。經過兩年的反覆試作，終於完成了令人滿意的設計。

我為什麼創立個人品牌？

從事這樣的產品製作工作，既有趣又充滿挑戰。

為了讓更多人使用優質產品，la base 的產品在價格上和品質管理上都做了最佳管控。在參與商品開發的過程中，我意識到即使有些東西超出了開發原則的範圍，但對我而言，那些東西仍是必要的。我發現，我想要的是那些雖然不需要大量生產，但對我來說十分重要的物品。

在創作商品時，我一直抱持著這樣的思維：

重點就是要創造出對製造者、銷售者、使用者，對所有人都好的產品。換句話說，若產品的製作者——無論是工匠還是工廠——得到的報酬過低，或者銷售者無法獲得合理的利潤，使用者的滿意度又很低，那這樣的產品就無法稱為好產品。我認為，只有當這三者的需求都得到滿足時，這才是真正的產品製作。

因此，要創造優質商品，就必須賦予等值的價位。

現在的社會正吹起一股廉價風潮，無論是服飾、用具或食物，大家都認為愈便宜愈好。但我認為這樣的思維並不完全正確。東西之所以賣得便宜，一定有其理由，那就是很容易損壞或髒汙。若人們只追求便宜，並且用過即丟，這樣的消費方式將導致世界上垃圾不斷增加，這也是自然環境被破壞的主要原因之一。

因此，我開始以這樣的觀點來進行創作：與製作者討論，毫無妥協地製作我需要的物品。進行個人品牌的產品製作時，我也抱持同樣的態度，比如防水防汙、輕便又時尚，讓人願意工作的「工作圍裙」，以及讓人驚為天人，可以將沙拉或麵拌得最均勻的拌勺「Salad Hand」，這些都是我找到優秀的製作人，並與他們深入討論共同完成的 Yoko Arimoto Products 產品。

我相信不僅是我，還有其他人也會需要這些產品，所以我會製作一定數量並出售。因為在素材、工藝和技術上都不妥協，所以我無法大量生產，而是以小批量生產，因此價格會相對較高。但一旦使用過，大家一定會感受到它的價值。如果有我需要的東西，並且能和工匠及工作人員一起合作完成，這本身就很有趣，因此我對於設計個人品牌的產品充滿興趣。

透過料理來豐富生活的提案，實際上是我日常生活的一部分。而製作物品的過程，無法僅憑一己之力完成，它是一場與材料商和工匠們的團隊合作。大家一起朝著同一個目標創造物品，對我來說，這是一項無可替代的樂趣和志業。

我也非常喜歡參觀工廠。la base 的工廠當然會去拜訪，在我聽說有間製作攝氏零下六十度冷凍庫的工廠，馬上提出參觀要求，對方也讓我圓夢。那是我的工作室要用的冷凍庫，因為零下六十度是個截然不同的世界，當然要藉這個機會去參觀製作過程，並體驗一下冰冷的世界。

我很享受像這樣與製造者或生產者的交流過程，只要我腦海中出現任何想法，覺得這個想法跟某人、某場所或某項技術有關，我就會迫不及待飛奔到現場，實際體驗看看。我的腦子裡有很多的計畫，而且取之不竭。

5 Chapter 與孩子相處的時間

打造讓孩子安心的「存在場所」

我有三個女兒，因此，許多育兒中的媽媽經常問我「在養育孩子的過程中，您都在想些什麼？」這讓我不禁回想，在那遙遠的過去，我當時是怎麼想的呢……我會停頓一下，然後回答：「只是讓她們好好吃飯。」

這樣的回答，可能會讓對方有點困惑，但這的確是我內心自然流露出的話。

對方通常會繼續追問：

「那麼，只要努力做飯，讓她們吃飽，這就足夠了嗎？」

「不，當時我並沒有這麼想。」

這也是事實，當時的我真的是非常拚命。

「總之，每天讓她們好好吃飯，這就是我能做的全部。這一點，我在和孩子們度過的時光中深刻明白了。」

養育孩子到底是什麼呢？雖然經常聽到「育兒」這個詞，但我當時似乎並沒有「養育」這樣的意識。我並沒有具體想過要怎麼樣培養她們，或者希望她們成為什麼樣的人，我只是想把當下能做的事做好。

這麼說可能各位會取笑我，但我的方式更像是動物本能。讓孩子吃飽，確保她們有地方睡，讓她們能安心休息。我只是努力做好這些事而已。

家是自己和家人「存在的場所」。換句話說，家就是「窩巢」。無論是熊或狐狸，都有自己的窩巢。人類也是動物，必須擁有得以生存的窩巢，這個窩巢就是「家」，我要打造吃飯、睡覺、讓家人安心的「存在場所」。只要能做好這件事，就夠了。不，這件事要每天持續地做，其實很辛苦，所以我才會說，就是把自己真正能做到的事努力做好就對了。

邀請全班同學來家裡參加生日會

有了孩子，最重要的就是讓他們好好吃飯、照顧相關的事務；等到孩子上學了，就讓他們每天按時上課，避免缺席。身為父母，我們每天都在努力做這些基本的事，而這些事其實與所謂的「培育」並無太大關係。只是這樣日復一日地過著，孩子自然會成長——我家的情況就是如此。

在這樣的育兒過程中，孩子們也學會了與人相處。每位父母都希望孩子能在學校裡與每個人和睦相處。我不清楚現在的父母是否還會這麼做，但在我孩子就學的那段時間，辦生日會是很流行的事。我小女兒也跟我說想在家裡辦生日會，但我不喜歡只邀請幾個特定的朋友來家裡，因此我告訴她：「既然要辦生日會，那就邀請全班同學來！」我還說：「沒辦法來的人不用勉強，不過要是可以，就邀請全班四十位同學來參加吧！」

結果，來了很多小朋友。由於人數實在太多，我根本認不出誰是誰。不過，這真是一場非常棒的生日會。

這也是我第一次籌辦一場有四十位小朋友的派對。事前我很煩惱，不知道該準備些什麼，又擔心派對能否順利舉行，一直在想該準備哪些餐點來招待大家。後來，我終於想到了一個方法。對於小朋友的派對，只需要準備漢堡或義大利麵之類的主食，再加上飲料和蛋糕，這三樣就足夠了。

接下來的挑戰，就是準備四十人份的蛋糕。當時家裡有一臺超大型的烤箱，烤盤也很大，可以一次烤好幾個海綿蛋糕。烘烤完成後，我就在兩片蛋糕中間放上奶油和水果，完成！接著切成四十份，端出去招待小朋友。

至於飲料，我也想到個好主意，那就是人人都愛的水果賓治！我買了一套專用的水果賓治器皿，裡面有超大的玻璃碗、杯子和勺子。只要將各種顏色鮮豔的水果切好、放進玻璃碗中，再倒入蘇打汽水，美味的水果賓治就完成了，非常簡單！當我將水果賓治盛入可愛的玻璃杯，遞給每位小朋友時，看到孩子們眼中閃亮的光芒，大家都笑得非常開心。不僅是因為美味的飲品，現場的歡樂氣氛讓每個孩子都感到無比快樂。我還在客廳擺設了一些裝飾，營造出歡慶的氣氛，自己也玩得不亦樂乎。

我不確定是否因為辦了那場生日會的緣故，但後來總是會有小朋友來家裡玩。我完全搞不清楚誰是我女兒的朋友，感覺裡面還有些是朋友的朋友。我家只有三個女兒，但不知為何，常常有男孩子也來家裡玩，他們在家裡和院子裡跑來跑去，到處都充滿了孩子們嬉戲的笑聲。哎呀，幸好那時候住的房子夠大，能夠容納這麼多小朋友在家裡奔跑。

過年的時候，我也會準備年菜，由於總是做得特別多，剩下的也很多。因此，在新年的第四天左右，我會跟女兒們說：「叫你們的朋友來家裡吧！」讓女兒邀請朋友來的目的，其實是希望他們能幫忙吃掉剩下的年菜。當然，如果只吃年菜，孩子們一定會覺得無聊。所以，我還會做很多肉醬義大利麵和沙拉，大家吃得很開心。後來這些孩子們每逢過年都會來我家，年菜很快就被掃光，我也被他們的熱情逗得開心，忍不住想：「這真是個好主意！」

就這樣，我不斷重複這些過程，不僅為自己的孩子準備飯菜，也希望讓每個人都能吃得好，我覺得這樣的事既有趣又充實。或許正是因為我總是在做這些事情，後來才把烹飪變成了我的工作吧！

陪在不安的孩子身邊

當女兒們還小的時候，當然也發生了不少事情。我之前提過，有一位女兒曾經拒絕上學。那時她只是小一新生，才剛開學沒多久，在一次午餐時間不小心把牛奶倒了出來，結果遭到老師嚴厲責罵；女兒因此開始不想去學校，而我也陷入了相當的困擾。我反覆思考，最後決定了一個辦法——「我和女兒一起上學」。當時還有更為年幼的女兒，只能一併帶著，母女三人就開始了這樣的日子。

我們三個人每天一起去學校，我和年幼的女兒就坐在教室的最後一排，一同聽課。無論做什麼事，都是母女三人一起度過的，這樣的日子持續了好幾個月。

後來，班上所有的同學都喜歡圍過來找我們，尤其看到小妹妹在畫畫或摺紙時，他們也會過來問：「你在做什麼啊？」這樣一來，原本拒絕上學的女兒也不得不參與其中。這下，她終於能毫無顧忌地和同學們一起玩耍，「不想上學」的念頭也在這樣的過程中悄然消失了。

每當問題出現時，相信大家的第一反應通常是惶恐不安、腦袋一片空白，根本想不出解決辦法。就算是向有經驗的人請教，也很難立刻獲得答案。

每個人一生中都會遭遇各種困境，而旁人永遠無法完全理解當事人的處境，也無法得知當時的想法。即使是父母，有時也無法完全理解孩子的內心世界。然而，當孩子遇到困難時，作為父母，我們絕不可能視而不見。在這種時候，我會思考：「我能做什麼呢？」或許，我可以一直陪在孩子身邊吧！所以，我選擇陪她一起上學。

我並不知道這是否是最好的解決方法，但我希望盡力而為。

這段回憶已經是很久以前的事了，現在我可以冷靜地與大家分享。但當時的我，肯定是非常焦慮的，心中充滿了不安和迷茫，真的是手足無措啊！

每天的點心時間，是珍貴的生命回憶

女兒們還小時，我不僅每天為她們準備三餐和便當，還會親手製作點心。如今，只要有錢，幾乎可以買到來自世界各地的點心，簡直像做夢一般。然而，從前的日本，市場上大多只賣包紅豆餡的和菓子，或者在柑仔店出售的駄菓子（兒童零食），真正美味的西式點心非常稀少。

當時我是全職主婦，擁有充裕的閒暇時間，因此我報名了幾個烹飪教室，其中一段時間曾在已故的宮川敏子老師的教室學習製作點心。宮川老師堅信「正因為是家庭，才能做出最好的點心」，她致力於研究西式點心，可謂此領域的先驅，我從她身上學到了許多寶貴的知識與技術。

記得學習海綿蛋糕時，老師會逐一觀察每位學生的操作。某次，當她走到我身邊時，問了一句：「你有確認過麵粉的保存期限嗎？」這讓我印象深刻。她不僅對製作方法要求嚴格，對食材的品質也極為講究，這種敬業態度深深影響了我。從那時起，無論是點心還是其他料理，只要是入口的食物，我都會仔細挑選食材。

雖然我對甜食談不上熱愛，但將在烹飪教室學到的技術於家中實踐，是一件充滿樂趣的事。我曾製作過多種點心，包括餅乾、蘋果派、草莓奶油蛋糕、布丁和瑪德蓮等。平日不太願意跟我一起忙碌的女兒們，每當我喊道：「點心做好了，過來喝茶吧！」她們總會立刻跑來，一起準備茶具和泡茶，共享愉快的下午茶時光。

有一陣子，我沉迷於用法國柑曼怡香橙甜酒（Grand Marnier）製作舒芙蕾。幾乎每天都做，用直徑約二十公分的模型，烤出膨脹巨大的舒芙蕾。我總會喊道：「做好了，快過來吃！」每次出爐時，女兒們都歡呼雀躍。舒芙蕾需要趁熱享用，否則會消風塌陷，女兒們早早拿著湯匙等在旁邊。

有一天，女兒感慨地說：「因為曾經有過這樣的時光，不管未來遇到什麼困難，都能成功克服，走過難關呢！」

我也深刻體會到這句話的意義。因為我的孩童時期，也有類似的點心時光。更準確地說，那是每日上午十點與下午三點的「喝茶時間」。在我小時候，小學生下課後通常不會去補習班，因此我總能趕上下午的喝茶時間，甚至常跑去通知鄰居：「喝茶時間到了！」

家裡有一個我們稱為「緣側」的寬敞走廊，鄰居們三三兩兩地聚過來，學過茶道的母親會準備抹茶與點心款待大家。父親熱愛古董，是個器皿收藏家，他經常想炫耀器皿的歷史和特色，但似乎從來沒有人真正關心這些話題。大家只是喝茶聊天，品嚐點心，輕鬆愉快地度過時光。

這段日常的記憶深深印在我心中，至今依然清晰可見。雖然什麼特別的事都沒發生，但這樣平凡的喝茶時光，卻成為我生命中最珍貴的回憶；或許，這就是「與人相伴」的意義所在。與人一起度過的片刻，往往比我們想像中更令人印象深刻，也深深融化了我們的心靈。

承擔重責，盡情做想做的事

有孩子的人，應該都曾有類似的經驗：孩子上小學後，家長會的活動接踵而至。每年，家長會都會舉行會議，遴選幹部人員，而這通常被認為是一項苦差事。雖然名為父兄家長會，但實際到場的幾乎都是媽媽們。孩子的母親們聚集在學校教室裡，各自闡述為何無法擔任幹部的理由。有些說需要照顧雙親，有些提到身體不適，甚至有人以先生為藉口，堅決拒絕接下任務。

每位家長都有各自的號碼，輪到的人便開始「發表聲明」，總能擠出一些理由推託責任。現場的氣氛彷彿一場荒謬的鬧劇，每個人都在想方設法地逃避，身處這樣的場面讓我既無奈又厭煩。當輪到我時，我終於忍不住道出心中的不滿：

「在座的每個人都有自己的理由，但如果繼續這樣下去，幹部根本無法選出來。用這樣的方式來決定幹部成員，難道不覺得整件事本身就很荒謬嗎？」

話一出口，馬上有人回應：「那麼，你來當幹部好了。」

「好啊，就我來吧！」我毫不猶豫地答應了。這並不是氣話，也不是和大家針鋒相對，而是因為我實在無法忍受這種推卸責任的情況。

其實，我也可以和其他人一樣，隨便用「家裡還有年幼需要照顧的孩子」之類的理由拒絕。但看到在場的人像是被同一個模子刻出來般，用相似的藉口逃避，我終於忍無可忍，不想成為他們其中的一員。

我當了一年的家長會幹部。既然接受了這份工作，我不想敷衍了事，更不想委屈自己做不感興趣的事。於是，我著手規畫了一些能讓自己和大家都感到有趣的活動。

我邀請講師舉辦烹飪教室，還策畫許多前所未有的創新活動。因為我全心投入這些讓自己感到愉快的事，參與的家長們也因此而開心。

如果當時我和其他人一樣，選擇逃避責任，或許那一年能輕鬆度過，但這樣的生活毫無意義可言。相反地，這次的經歷成為了一段寶貴的回憶。

#「每天做」、「一直做」就是在培養實力

回想起來，從孩子年幼、我還是全職主婦時期起，就對烹飪充滿興趣，特別熱衷於製作各種點心。

即使只是為了達到心中的理想標準，我也可以不厭其煩地反覆嘗試。無論是派還是海綿蛋糕，當我覺得「再烤一下，應該會更蓬鬆」時，便會告訴自己：「那麼，明天再重做一次吧！」

製作點心時，第一次嘗試往往能順利成功，但第二次、第三次卻經常失敗。所以，保持不氣餒的心態並持續練習非常重要。唯有不斷重複，才能讓身體記住成功的手感與節奏。

當你持續努力，製作點心便會成為專屬於你的才能。漸漸地，還會開始思考：「如果改成這樣做，會有什麼效果呢？」這種探索的過程，最終會形成你獨特的風格。

起初，我總是按照教學指引，將草莓奶油蛋糕裝飾得精美漂亮。但後來，我嘗試用更隨意的方式：將海綿蛋糕用手剝開，配上打發鬆軟的奶油，和用砂糖與檸檬醃製的草莓，分別裝在三個大碗裡，對孩子們說：「蛋糕做好了，你們想吃多少就拿多少吧！」

孩子們很享受這種自己取用、隨心搭配的方式。他們一邊選擇自己喜歡的分量，一邊將蛋糕、奶油和草莓組合成屬於自己的創意蛋糕，每次都吃得特別開心。不僅孩子們喜歡，就連大人也樂在其中。因此，直到現在，我們家仍延續這樣隨意又自由的方式享用草莓奶油蛋糕。這種充滿彈性、隨心所欲的「點心哲學」，逐漸成為我製作點心的核心理念。

利用準備正餐的空檔，我可以迅速完成簡單的點心。無論是司康還是甜甜圈，只要將揉麵糰的工作交給攪拌機，短短十分鐘到十五分鐘便能完成。漸漸地，我的簡易點心食譜就這樣源源不斷地誕生了。而這些點點滴滴，都是我在成為料理職人的道路上，無比寶貴的經驗。

現在工作室的露臺滿是綠色植物環繞。附近的咖啡館也曾在這裡舉辦早晨咖啡活動。

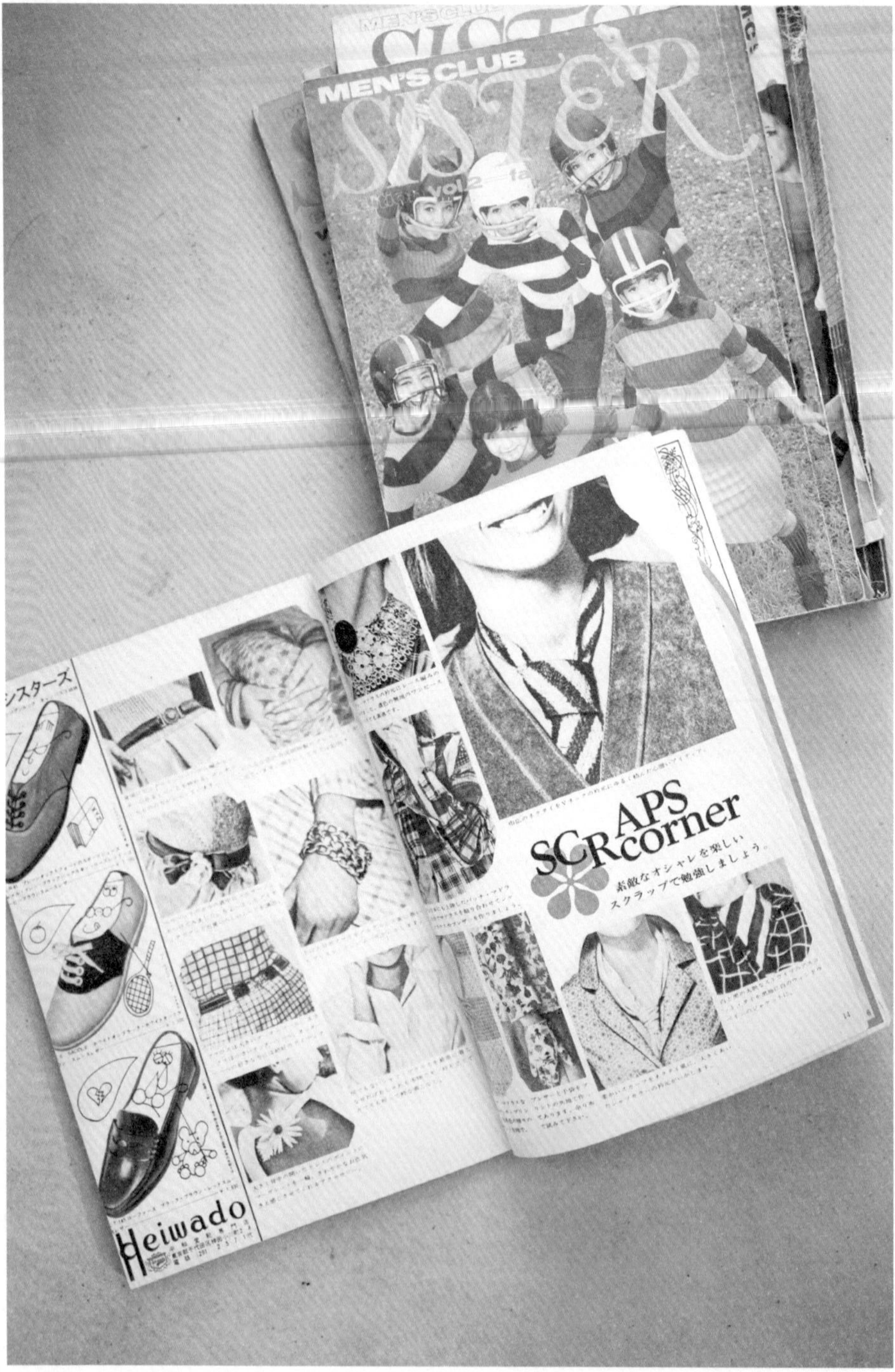

在二十幾歲時，獨立創辦的雜誌《*mc Sister*》，從創刊號到第六期都由我負責編製。

怎麼兩本相同的書呢？——文庫本是旅行時攜帶出門看的。由此可見這本書對我是多麼重要。

以這個計量杯為雛型製作小茶壺，因為我覺得「這個提把的角度和長度剛剛好」。

想煮少量湯物時，這個直徑十六公分的銅製段付鍋是最佳選擇。正因為每天都會用到，更要選擇品質好的商品。

日常的生活、日常的飲食才是最重要的。即使外觀看起來樸素，也要選擇高品質的食物來享用。

可當平底鍋使用的土樂窯一人份土鍋，炒青菜或煮牛肉壽喜燒都沒問題。

陽臺花盆種的茴香，汆燙後的茴香花可以做成泡菜，香氣很迷人。

設計生產了可以夾起最後一根麵條的夾子，跟嚴謹的工匠師傅合作是非常愉快的經驗。

在剛炸好的甜甜圈上撒楓糖粉。雖稱不上是糕點，但就是喜歡這類的「家庭式點心」。

在孩子很小的時候就有這臺煮蛋器，到現在還繼續使用，外觀設計可愛迷人。

作工精良的工具可以用一輩子。這些模具是京都錦有次的產品，能乾淨俐落地輕鬆脫模。

在孩子小時候，「利用準備正餐的空檔做點心」就是我做點心的準則。

Chapter 6 我的觀點

試著改變所處環境

我每天往返於住家與工作室之間，不僅要做菜、設計且生產廚具，有時週末還會舉辦活動，偶爾還得在Instagram上進行直播……每天的事情很多，可以說非常忙碌。幸好有一群出色的工作夥伴，讓我能從事這些有趣的工作。然而，偶爾還是會感到需要喘口氣，休息一下。而且，只要待在城市裡，就會覺得有許多事情無法理解，也無法認同。

當翻開行程記事本，看到有一兩天的空檔沒有安排任何行程時，我便會驅車前往信州野尻湖的山中小屋。儘管單趟車程需要三個半小時，但我很享受這段旅程。開車時，我會一邊聽著音樂（偏好古典樂），一邊感受城市逐漸遠去的感覺。當道路兩旁的景色漸漸被濃綠取代，我便知道，自己的心境也從日常的忙碌模式，切換到了另一種完全不同的狀態。

這座山間的小屋是我買地自建的，位於一片彷彿被遺忘的山中斜坡。那時，我剛買下這片不大的土地，房子則由長女夫婦設計建造，這是他們以建築師身分獨立創業後的第一個作品，於二〇〇三年完工。小屋是一棟橫向狹長的平房，建築面積不大，只有客廳、廚房和一間小寢室。然而，臨斜坡一側的牆壁採用整片玻璃落地窗設計，山林美景一覽無遺。

坐在窗前，放眼望去，只見森林與連綿群山，偶爾會有鳥兒輕輕飛過。我常常就這樣坐在椅子上，什麼也不做，靜靜地看著眼前的景色，一整天也能不知不覺地過去。每當來到這座山中小屋，日子通常就是這麼簡單而自在地度過。

山裡沒有電視，也沒有其他人煙，只需要看著窗外的景色，肚子餓了就簡單煮點東西填飽肚子，然後繼續沉浸在大自然的美景之中……偶爾興致來了，就開著車四處轉轉，在陌生的田間小路上探索，像是在冒險一般。

沒有特定的目的地，只是在田間小路隨心所欲地繞行。有時，我會順著感覺，一路朝著日本海的方向前進，直到某一刻在心裡驚訝地問自己：「我現在到底在哪裡啊？」我無法解釋自己為什麼要這樣做，但內心非常清楚，這樣的生活方式對我來說是必要的，彷彿這種探索與漂泊正是我的需求所在。

我總是盡量避免去人潮擁擠的地方，不想隨波逐流，而是堅持走自己的方向。當我選擇反向而行時，會有一種重拾動物本能的感覺；也許有時候，人真的需要回歸最原始、最純粹的狀態，才能重新找回內心的平靜。

對我而言，像這樣調整自己的「所處環境」是一項極為重要的功課。它不僅讓我得以放下繁忙的日常，還能重新審視自己的內心，為接下來的生活注入新的能量與靈感。

一個人旅行的樂趣

和大家一起同樂當然很開心，但我也非常珍惜獨處的時光。團體旅遊熱鬧非凡，可以玩得很開心；但一個人的旅行，卻有著別樣的樂趣。

我第一次獨自旅行是在我開始料理師工作不久，當時孩子們都已長大，能夠自己照顧自己，那次我選擇了法國為目的地。我從巴黎出發，向北前往莫內（Claude Monet）故居所在的維爾農市（Vernon），在那裡漫遊了一整天，隨後回到巴黎。每天，我都在巴黎的街頭隨意漫步，逛累了就回到飯店，查看地圖標記今天去過的地方，這就是我旅行的方式。

那時我真的覺得一個人旅行太好了。想去哪裡就能馬上出發，無須顧及他人。如果是與朋友同行，難免必須詢問：「我們去這裡好嗎？」或者「我們在這間店吃飯好嗎？」總是要在意對方的想法，這樣的旅行會讓人感到有些壓力，像是加法旅行。可是，漫無目的地隨心而行，不必思考下一步該做什麼，只是單純地待在旅遊的城市，這種輕鬆自在的減法旅行也同樣令人愉快。

一個人旅行的時候，若不想吃東西，可以完全不吃，這種自由的選擇也是一種快樂。如果和別人一起旅行，即便自己不太餓，還是會勉強吃點東西，因為大家會一起決定行程。而且，既然是旅行，總是想試試每一個新奇的食物，結果可能會吃得過飽，導致身體不舒服，這樣的情況有時難免發生。所以，一個人旅行，一個人用餐其實挺不錯的。

在我的第一次巴黎個人旅行中，我曾經去過一家非常高級的餐廳用餐。你們可能會覺得，一個人在國外吃飯會很孤單吧？但其實不是這樣的。

如今我已經忘記了餐廳的名字，但當時有提前預約。服務生領我到餐廳中央的一張桌子。因為是在國外第一次光顧的餐廳，而且只有我一個人，所以我其實並不想坐在那麼顯眼的地方……當時，我感覺自己變得很僵硬，心跳也加速了。然而，服務生並沒有讓我一個人孤單待著。回想起來，我認為他讓我坐在那個位子，應該是經過精心安排的。總的來說，為了不讓獨自用餐的客人感到孤獨，服務生巧妙地以某種方式陪伴著我。

當時我曾在日本最早創立的法語學校「Athenee Francais」學習法文，所以這次在旅行時，我能用簡單的英語和一點法語混合交談。對方可能聽不太懂我在說什麼，但仍然奇妙地能順利溝通。隨著一道道料理上桌，我逐漸放鬆，開始覺得自己像是一位「獨自享用美食的優雅女士」。總之，我體驗到頂級服務的魅力，明白了什麼是賓至如歸的精髓。這次的用餐經歷讓我受益匪淺，我也領悟到，「原來就是要這麼做啊！」

因為我坐在餐廳最中間的位子，一開始十分緊張不安，待放鬆下來後，才開始有心情觀察四周。放眼望去，有一位獨自用餐的老爺爺，也有一群人圍坐在一起開心聊天的客人，大家都愉快地享受用餐時光。為了讓各式各樣的客人都能愉快用餐，店家為不同的人提供了合宜的舒適環境。這一點給了我很多啟發。

回程時的心情與去餐廳時的緊張完全不同。我心裡想著：「今天真是美好的一天。」以充滿幸福的心情走在夜晚的街道上。因為有了這次一人在巴黎餐廳用餐的經歷，我的自我成長也有了很大的提升。如果不是獨自旅行，絕對不可能有這樣的經驗。

因此，如果因為不會說當地語言，或是從未嘗試過某些事而選擇放棄，那真的是非常可惜。不會說當地語言，根本不會成為障礙。只要敢於嘗試，一切就不成問題，甚至結果可能會超乎你的預期，這是我第一次獨自旅行後的深刻感想。自那次以後，我依然持續著一個人的旅行。

旅居國外的夢想

第一次去義大利，可以說是我的一場個人之旅。那一次是為了工作，幫料理雜誌在義大利取材。既然是專程去義大利蒐集資料，我決定先一個人出發，安排了一個比同事早到十天的旅行計畫，打算到處走走看看。

然而，第一天就發生了意想不到的狀況。飛機從成田機場起飛不久，發現了故障。我們在成田的海面上盤旋了大約六個小時，最終飛回成田機場，隨後才換機，再度出發——實在是意料之外。

因此，抵達時間大大延遲，到羅馬時已是深夜。我心想，這麼晚了該怎麼辦呢?幸好還有計程車，便搭乘計程車前往飯店。雖然是第一次來義大利，只有我一個人，心中難免有些不安，但很快又想到，這些問題總是能解決的。

儘管是第一次到義大利，我還是像在巴黎旅行一樣，悠閒地在羅馬街頭漫步，隨便走走，享受當地的氣氛。我的飯店提供了針對外國旅客的旅遊專案，我也積極參加，讓這趟旅程變得更加豐富多彩。

參加旅行團時，你會發現其實有很多人是獨自旅行的。雖然相較於外國人，亞洲人選擇一人旅行的比例較少，但許多來自不同國家的中年以上外國人，無論男女，都會選擇一個人旅行。他們除了母語外，幾乎不會說其他國家的語言，當然也不會說義大利語。然而，儘管如此，他們還是毫無顧慮地踏上旅程。這讓我深刻感受到，「不會外語」根本不會成為旅行的障礙。

至於我在五十幾歲時，經常這樣一個人旅行，這完全是源於我心中的一個祕密念頭——我一直以來都有一個想法，那就是有一天，我要住在國外。然而，我並沒有具體喜歡的居住地點。所以，我決定到處走走看看，尋找我心目中的理想之地。

最初，我總覺得那個地方應該是「法國」。可是，實際去了法國之後，我卻覺得「這不是我想要的答案」。有一次，我從法國開車進入義大利，偶然造訪了中部某個古老城市，立刻被當地的氛圍吸引，心裡忽然冒出一句話：「對，就是這裡。」從那時起，我經常利用工作空檔，來到這座義大利中部的城鎮，四處逛逛，並開始尋找房子。

我在義大利有個家

我夢想住在義大利中部的一座城市，為此花了一年左右的時間尋找理想的房子。期間，我經常瞞著女兒們，獨自飛往義大利各地看房子。終於找到心儀的住所後，我發現這是一棟十四世紀的古老建築，原本是修道院的一部分。然而，由於年久失修，需要進行大規模的修復，比我原先預想的還要耗時。

於是，我過上了兩地奔波的生活：在日本工作兩個月，接著飛往義大利待兩個月，與師傅們討論工程進度並監工；這樣的生活方式持續了一整年。

在義大利購買房產時，法律手續需要律師協助處理，與律師的溝通主要依靠專業翻譯。而與負責翻修的建築師及鄰居交流時，我也只能用幾句零星的義大利語單字應對。

隨著生活重心轉移到義大利，我停止了在日本學習的法語課程。因為法語與義大利語有許多相似之處，同時學習這兩種語言讓我感到困惑。於是，我選擇專注於學習義大利語。然而，這也讓我之前在日本所學的法語變得毫無用武之地。

果然，學習語言最好還是在當地進行。當義大利的房子開始翻修時，我也在住家附近的小鎮報名了義大利語課程。透過課堂的學習以及與當地人實際對話的經驗，我發現自己的義大利語越來越流利，甚至覺得這門語言逐漸成為我的母語呢！

以高齡為傲的義大利人

時光荏苒，轉眼間我已在義大利安家二十七年。如果說東京是我的工作場所，那麼義大利的家就是我真正生活的地方。每次回到義大利，我並不是為了觀光，而是融入日常：去附近的蔬菜店採買食材，悠閒地漫步在這座帶有中世紀風情的石板路小鎮。走著走著，會繞到冰淇淋店享用一杯解渴的冰淇淋，或是在黃昏時分靜靜欣賞那如詩般的夕陽，我非常享受這種恬靜悠然的生活。

從日本飛往義大利，抵達時通常已是深夜。然而，隔天早晨當我打開窗戶，鄰居們看見窗戶敞開便知道「啊，她回來了」，在路上碰面時也會熱情地邀請：「今晚來我家吃飯吧！」於是，每次回到義大利，我便成了鄰居們的常客。義大利鄰居們的待客之道，並不像日本人那樣準備豐盛的宴席，而是端出日常的家常菜招待，卻讓我感到格外輕鬆愜意。我很喜歡這種溫馨隨意的用餐氛圍。

我們總以為有客人來訪時，就必須把家裡打掃得一塵不染——但在義大利，人們完全不在意這些細節。他們認為刻意展示「好的一面」毫無意義，也不會特別關注人的外表是否得體。他們對每個人一視同仁，無論身高、膚色，或是種族背景。即使有人天生有肢體上的缺陷，他們也視作平常人對待，因為他們明白世界本就是多樣性的，並且包容這種多樣性。

還有一點很有趣，在義大利，人們很少談論職業相關的話題。因此，我並不清楚大家的職業，也不會特意去打聽。我的鄰居中不僅有義大利人，還有來自德國、美國等地的國際人士。其中，有一對德國夫妻與我關係特別親近，經常邀請我到他們家用餐。多年後，我才在一次偶然的對話中得知，原來他們是醫生——這正是義大利人的風格，沒有人主動聊起工作，甚至不會詢問彼此的職業。我想，也沒有人知道我是做什麼的。這種不問工作、不談職業的氛圍，讓人相處起來更加輕鬆自在。

在義大利，我無須在意自己的身分，只是一個普通人；不必扮演任何角色，只要真實地做自己就好，這樣的感覺輕鬆而愉悅。有時我會想，也許這才是真正的自己——一個不須肩負任何責任，不須炫耀成就，也不用在意他人態度的人生。在這樣的世界裡，我感到自在，然而在日本卻做不到這樣的輕鬆。人們總是對你的個人隱私充滿興趣：從事什麼行業？多大年紀？來自哪裡？家庭背景如何？已婚還是單身？這些問題像是例行盤問，令人感到壓力。回想起來，這樣的文化實在讓人費解。

義大利人對自己的年齡充滿自信，尤其是年長者，他們對自己的歲數和生活狀態引以為傲。有一次，我在打掃院子時，對面房子走出來一位年輕女孩和一位老太太。老太太微笑著向我打招呼：「你好！」隨後自豪地補充道：「我啊，已經八十多歲了！看起來不錯吧？」我答道：「是啊，很棒呢！」她聽後露出了得意的笑容。像這樣的場景，在義大利並不少見。

老實說，現在的我也到了可以為年紀感到驕傲的階段了。

認知自我的真實面貌

我總是渴望遠離東京，隨興地去往某個寧靜的地方。大城市裡綠地稀少，擁擠的人潮和狹小的空間讓人難以放鬆，彷彿時時刻刻都喘不過氣來。

即使沒有感覺到巨大的壓力，在這個資訊爆炸的時代，各種訊息鋪天蓋地般湧來，讓人很難擁有平靜的生活。資訊固然重要，但這些訊息真的是我們需要的嗎？最終能判斷它們價值的，只有自己。資訊應該是我們的工具，而非我們的主人，我討厭被資訊操控的感覺。

以食物為例，大家可能就能理解我的想法。當某款食物被廣泛宣傳為「美味」，許多人便會自然而然地接受這個觀點，將其視為美食。隨著口耳相傳，這種食物成為了「人氣美食」，而供應它的店家則可能成為需要排隊的名店，甚至必須預約才能品嚐。一旦我們任由這樣的訊息引導，就會不知不覺地參與了某種宣傳，甚至成為替某些商品背書的吹捧者。許多流行風潮的形成，正是源於這種無意識接收、傳播訊息的過程。

當然，我也會去品嚐那些被廣為稱道的美食。然而，只有親自嚐過，我才知道它是否符合我的口味。如果我覺得不好吃，那便是我的真實評價。因此，對於任何資訊，千萬不要囫圇吞棗，我們應該用自己的眼睛、耳朵、鼻子、舌頭以及所有的感官去判斷。

如果我們不了解自己的真實狀態，就可能無法做出正確判斷。說到底，人往往並不了解真正的自己。例如，如果你長期染髮，可能已無法確切知道自己的自然髮色。同樣地，如果整日被各種外來資訊包圍，你可能無法分辨自己真正的想法，也不確定是否真的必須去做某件事。許多人受到社會價值觀或潮流的影響，甚至被牽著鼻子走，將那些外來的標準視為自己的行動準則。

為了擺脫這種環境，我渴望完全置身於無人的大自然中。一個人旅行，從日常的忙碌中逃離，進入一個靜謐的世界。或許我會隨心所欲地駕車行駛在田間小路，漫無目的地穿梭，只為了感受片刻的純粹：風的寒意、雲的高度，這樣的獨處時光讓我得以重新認識當下的自己，感受內心的真實模樣。

心煩時，就打掃家裡吧！

我想每個人都和我一樣，人生並非事事如意。有時好事會接踵而至，但也免不了經歷那些難以言喻的辛苦歲月。如果能將責任歸咎於某人，反而能輕鬆許多。然而，有些難題是無法推諉他人的，甚至沒有哭泣的時間和空間，只能硬著頭皮面對。那時候的我不知所措，連讓自己消沉片刻的餘裕都沒有。這樣的經歷讓我深刻體會到其中的煎熬。

但慶幸的是，隨著時間推移，我學會以冷靜和客觀的角度，來看待那些曾如惡夢般的往事。經歷過歲月的洗禮後，我有一些感悟想與大家分享，並想提醒大家一句話：日常生活中，總會有許多令人焦慮、煩躁甚至惱火的小事，在所難免。

當這些事情發生時，你會怎麼面對呢？如果可以藉酒澆愁來緩解，那就喝吧！但如果喝酒也無法解決問題，反而只是傷害自己的身體，那麼或許你需要換個方法。對我來說，當焦慮、不安甚至混亂籠罩心頭時，我會選擇打掃家裡。

當腦子一片混亂時，與其費力思考，倒不如動動手腳。整理家中環境不僅能讓房子變得整潔，還能讓心情有所改善。因為大腦在進行手腳活動和處理混亂思緒時，啟動的是不同的部分。打掃的過程就像在為心靈進行一次洗滌，能讓情緒慢慢平復下來。

那麼，當你遇到不合理的事情，怒火中燒時，又該如何調適自己的情緒呢？我的建議是先把情緒暫時擱置，試著將自己抽離出來，像是把另一個自己放在外面。這樣一來，你便能以第三者的角度冷靜地審視現況，而不至於被情緒所左右。如此，你可以更清晰地看清問題的本質，避免感情用事。

我認為，擁有兩個「自我」是關鍵。一個是「陷入當局的自我」，另一個是能以客觀視角看待問題的「自我」。當兩個「自我」並存時，你就能避免陷入混亂，從容應對眼前的挑戰。每當我感到困惑時，就會刻意建立這兩個自我，這樣才能找到解決問題的方向和力量。

不要限縮自我世界，累積充滿驚奇的冒險！

我認為每個人都是獨立的個體，各有自己喜歡的待人處世方式，不必過於在意他人的眼光。因為人的看法總是變動不定，受世俗觀念和潮流影響，不斷改變。畢竟，隨著時間推移和情境變化，人們的想法也會隨之不同。

當你心裡確定：「我要這麼做！」就勇敢地按照自己的想法去行動吧！但這並不意味著可以肆意妄為。我所指的是，不要將「因為被認同」或「因為這樣比較受歡迎」作為行動的判斷依據。

我常對自己和同事說：「賣不出去也沒關係，暢銷或不暢銷都無所謂。」

每次這麼說時，同事們總是露出奇怪的表情。然而，這的確是我的真心話。比如，先做市場調查，然後特地設計生產符合市場需求的商品，這種事對我來說毫無吸引力，完全沒有意義。迎合大眾眼光所產生的淺薄價值，既沒有未來性，也無法長久持續。

我常提醒自己，不要為生活設限。如果你嘗試進入一個完全不熟悉、與自己毫無關聯的領域，就會發現那裡有各式各樣的人，他們可能會帶給你意想不到的啟發。無論到了什麼年紀，我都希望保持這種開放的心態，持續累積一段段充滿驚奇的小冒險經歷。

要邁向未知世界，確實需要勇氣。我們經常會因為心裡的疑慮，比如「這樣做真的可以嗎？」而遲遲不敢邁出第一步。然而，就算失敗了，也沒什麼大不了。失敗後，只需要重新站起來，再次出發就好——一切成功都起步於「這大概不可能吧」的念頭。

做菜便是很好的例子。如果失敗了，只要冷靜思考問題出在哪裡，找出原因，下次改進即可。沒有嘗過失敗的滋味，就無法成為高手，廚藝自然也無法精進。日本人往往有著過於追求完美的「優等生心態」，害怕失敗，一旦覺得「可能不行」就選擇放棄。但我想說：「沒關係，就算失敗了也無須在意。從哪裡跌倒，就從哪裡站起來吧！」

無須在意世俗評價，內涵才是真正價值

有一次和幾位同事閒聊時，一位同事突然提到：「有元女士對每個人都一視同仁，無論對方是誰，您的態度從不會因此改變。」聽到這句話時，我感到有些疑惑，隨口問：「咦，這是什麼意思呢？」

那位看起來四十多歲的女同事解釋道：「我的意思是，您不會因為對方是知名企業的員工或者很有地位的人，就用頭銜來對待他們。同樣地，您也不會看輕新進員工或地位低微的人。您總是以『人對人』的態度來面對每個人，也就是一視同仁，平等地看待每個人。」

我回答她：「不過，不是每個人都這樣嗎？」她搖搖頭，說：「才不是呢！這世上有很多人是非常勢利眼的，會根據對方能否帶來利益來決定是否對他們好，或者依據頭銜來選擇交往對象。」

我沉思片刻，說：「嗯……我不知道這樣的比喻是否合適，但我覺得與人交往就像挑選食材。」「挑選食材？」她聽了有些意外，臉上寫滿了疑問。

我繼續解釋：「這就像我遇見鍾愛的橄欖油時的情況一樣。我記得，有一次家裡的橄欖油用完了，我到義大利家附近的食材店購買。當時看到一瓶外瓶設計非常美的橄欖油，沒多想就買了回去。結果試吃後，味道好到讓我驚為天人，從此以後我只買這家的橄欖油。這家公司叫瑪馥家（Marfuga）。後來，我甚至決定自己進口這款橄欖油，現在它已經成為獲得世界最佳橄欖油獎的產品。」

「所以，對我來說，世俗的評價從來不是關鍵，真正的價值在於內涵。」

不知是誰開玩笑說：「把人和橄欖油相提並論，這還真像是有元女士的風格！」大家哄堂大笑，不過這確實是我一貫堅持的原則。

對於不清楚內情的朋友，也許需要補充一些背景。

二十五年前，我第一次與義大利中部的瑪馥家橄欖油邂逅。在此之前，我一直從附近的農場購買自製的橄欖油使用。某天家裡的橄欖油用完了，我急忙跑去附近的食材店。當時店裡展售三款橄欖油，我被其中一款瓶身設計美麗的產品吸引，就買了回家，而這款橄欖油的美味深深震撼了我。

當時瑪馥家是一間名不見經傳的小公司，他們的名字對我來說完全陌生。好奇之下，我看了標籤，發現工廠就在不遠的村鎮，於是興起了實地探訪的念頭。對我來說，無論是在日本還是海外，只要遇見感興趣的食材或用具，我總會親自到產地視察。我相信，與其依賴別人的評論或網路資訊，不如用自己的眼睛、耳朵和味蕾來做判斷。

我聯絡了瑪馥家公司，詢問地址後便自己開車前往。那時候，他們的「工廠」只是一間普通的民宅，庭院就是榨油的地方。老闆（現任老闆的父親）十分熱情，即使我這個不速之客沒有事先預約，他仍熱誠接待，詳細向我介紹橄欖的品質、榨油方法以及油品的銷售方式。他的真誠與對產品的堅持讓我印象深刻，也更加深了我對這款橄欖油的喜愛。

如今，瑪馥家公司已發展為擁有現代化工廠的企業，更獲得了世界最佳橄欖油的殊榮。我作為日本的獨家進口商，一直遵循「如實呈現產品價值」的原則，堅持小規模銷售。雖然市場競爭激烈，但我始終認為，真正的好東西值得等待，也值得用心分享。

這段經歷對我來說，不僅是一場與美食的邂逅，更是我待人接物的一種寫照：不看表面光鮮的包裝，而是注重內在的本質與價值。

珍貴無比的真心話

當我第一次品嚐瑪馥家橄欖油時，那股野草的清香立刻在口腔中瀰漫開來，感覺清爽無比。我想，我就是喜歡這樣的食物——自然、純粹、毫無違和感，含在嘴裡非常順口，這就是適合我的食物，也是我喜愛的味道。

與人交往也是一樣。有時候，即使是第一次見面，也會產生「啊，我深深被這個人吸引」的感覺。這種吸引力不是因為對方的長相，更不是他的身分或地位，而是來自他的聲音、談吐，甚至是一種難以言喻的真誠氛圍。此外，談話的內容也很重要。這並非在於說話技巧，而是在於對方「想說的事情」是否能讓我打從心底願意傾聽。我真正重視的，是我能否認真而誠懇地聆聽對方的話語。

因此，我特別害怕對方不說真心話，甚至言不由衷。雖然有時候，聽到真話可能會令人不快，甚至難以接受，但只有那些願意說實話的人，才是真正對你好的人。他們的坦率與真誠，讓人覺得珍貴無比——這樣的人，是無法被取代的貴人。

當你說出違心之論時，是否會感到心裡不舒服，甚至覺得自己很噁心？我就是這樣的人。如果我真的說了違心之論，會深深厭惡自己，覺得自己身為人實在太可恥了。這就是為什麼我特別討厭那些不說真話的人。

此外，我也不喜歡那些愛自誇、自我炫耀的人。他們總是藉由頭銜、學歷、財富，或者社會地位來彰顯自己的「了不起」，自認為是成功者。但在我看來，這種行為令人反感，甚至讓我覺得可恥。對於這樣的人，我是一點興趣也沒有。

同樣的，我對那些在包裝上大肆宣傳「獲得某某獎項」的食品，或者自稱是「米其林星級」的店，也完全提不起興趣。對我而言，這些外在的標籤毫無意義。真正的評價，應該由自己來判斷，而非依賴別人的標榜。這就是為什麼我常說，食物和人其實是相通的：內在的真實與誠懇，才是最值得珍視的品質。

與植物相伴的美好時光

我一向盡量避免去人多的地方，因此週末通常不會出門。那麼，假日時我都做些什麼呢？答案是——買植物。

購買植物對我來說是一件開心的事。因為這不是日常的活動，所以每次去園藝店都讓我感到既新鮮又興奮。我有幾家喜歡的園藝店名單，其中有些地方擁有寬敞的場地，種植了各種花卉和花草植物。從我家到這些園藝店，單趟需要花一個小時的車程。雖然距離有點遠，但只要時間允許，我都會開心地前往，享受逛園藝店的樂趣。

我很喜歡種植物，雖然在這方面的知識並不多，但更增加了探索的樂趣。每次到園藝店，我總會向店員請教各種問題。比如有一次，我思考著應該在公寓前的小花盆裡種植什麼植物，於是迫不及待地衝到園藝店提問：

「我沒有太多時間照顧植物，管理員也可能偶爾會忘記澆水，種植環境並不是很好，還可能日照不足。不過，我希望種植一種季節到了會自動開花的植物，顏色最好是白色的，看起來美麗而清新。因為這是公共空間，雖然無法保證每個人都會喜歡，但希望它能讓路過的人覺得不討厭，甚至願意稱讚它……請問有這樣的植物嗎？」

面對我這樣的「幼稚」問題，專業的店員依然耐心又親切地解答，讓我倍感安心。

購買植物和相關用品，比如土壤、肥料、花盆等，加上單趟一小時的車程，通常能讓我度過大半天的時光。回家後還要種植、整理，雖然過程繁忙卻十分愉快。我不喜歡逛百貨公司買衣服，只要有時間，就想與植物相伴。

今年，我的工作室搬家，周圍環境得以重新設計。我請了熟識的園藝家日高先生幫忙，設計了一片綠意盎然的空間。在工作室周邊和陽臺上，我們種了茶樹、檸檬、茱萸、薰衣草、香菜、藍莓等植物，種類多樣，幾乎都是草本植物或可食用的水果。

當我想下廚時，只需走到陽臺摘取新鮮的食材，這樣的生活充滿樂趣。即使身處都市，這些植物依然生長得很好，讓我能享受滿滿一大盤新鮮的花園沙拉。這樣的幸福感，無可替代。

與當地人交流，收穫意外的驚喜

帶殼的日本核桃，真的是人間美味。剝開堅硬的外殼，將裡面新鮮的核桃仁送進嘴裡，那濃郁的香氣與細膩的口感，簡直令人難以忘懷。據說，核桃一旦剝了殼，便會迅速氧化，風味也隨之流失。若是嚐過帶殼的核桃，恐怕再也不想回頭吃市售的剝殼核桃了。

我喜歡在沙拉上撒些核桃，或者將它與小魚乾搭配，兩者相得益彰。有時候，我也會把核桃壓碎，製作成義大利麵的醬料，變化出多種吃法。如果是帶殼核桃，保存期限約一年之久，因此我家常會用竹籃盛裝核桃，既能作為擺飾，又能當作零嘴，隨時就能抓一把享用。

一位住在長野縣的朋友曾告訴我，信州的雷電核桃特別美味。雖然大家都稱我為「美食達人」，但實際上，許多資訊都是別人告訴我的。我每次去長野縣的黑姬山別墅時，途中都會繞到當地的直賣所＊購買蔬菜和水果。在這裡，可以找到許多稀有的在地食材。每當我看到不熟悉的東西，總忍不住發問：「這是什麼啊？」當地人總是熱情地回答，並教我怎麼食用：「這樣煮特別好吃喔！」如果我問：「這裡有賣某樣東西嗎？」他們也會老實告訴我：「現在不是產季，所以沒有，到了十月中旬品質最好！」

直賣所總是帶給我驚喜，每次都能收穫許多新鮮的情報。此外，我還喜歡跟當地熟識的民宿老闆或經營美味蕎麥店的老闆聊「美食」和「好吃的店」。原以為黑姬山作為山區，應該很難找到什麼佳餚，沒想到由於靠近新潟，這裡竟然藏有意想不到的優質魚店和壽司店。這些地方，如果不是當地人介紹，

＊販售當地生鮮蔬果和加工品的場所

根本無從得知。

如今，有問題時可以直接用手機上網搜尋，迅速獲得答案，但我認為，詢問身邊懂的人依然是更好的選擇。網路雖然提供快速且直接的答案，但它缺乏「附加價值」的資訊。相較之下，與人交流時，除了得到所需的解答，還常能收穫額外的建議，例如「如果這樣做，效果會更好」之類的分享。往往，讓人驚豔的美食資訊就隱藏在這些附加情報中。

即便是附近的超市，也能成為挖掘附加情報的好地方。如果遇到沒煮過的魚，我會直接問賣場的人：「這種魚該怎麼煮？您能教我嗎？」他們通常都很樂意提供烹飪建議，而這些經驗分享，常常能為日常料理帶來全新的靈感。

某個夏日黃昏

這是某個夏日傍晚的事。雖然時節已是八月底，白天依然酷熱難耐。太陽下山後，微風帶來些許涼意，但若在這時整理花草樹木、澆水，仍然會忙得大汗淋漓。

這天下午工作室有會議，因為會議時間不長，早上我便盤算著，開完會後就要趁著傍晚整理陽臺周邊的花草。

我特別喜歡愛知縣一家植物店的 YouTube 頻道，開車時經常當成廣播來聽。正是這個頻道，教會了我如何修剪枯萎的果樹枝頭，也讓我知道藍莓在結果豐碩的那一年，必須及早修剪樹枝，才能維持良好的生長狀態。

工作室陽臺對面種著幾棵高大的果樹，目的是為了遮蔽視線，不讓路人看見工作室的情況。我注意到，當草木變得茂密，檸檬樹的樹枝尖端開始枯黃時，就是該整理的時候了。於是，我捲起襯衫的袖子，拿起鋸子，開始修剪那些枯黃的檸檬樹枝。因為樹枝太長，不能直接丟掉當垃圾處理，所以我還得將它們剪成約十公分長的小段，裝進不織布的園藝種植袋裡再丟棄。園藝工作說到底是件體力活，流汗是家常便飯，甚至連綁好的頭髮也會因汗水變得凌亂不堪。可是，一旦開始投入，便顧不得形象，只想著專心完成手頭的工作。

正在忙碌時，忽然聽到有人說：「你好！」我轉頭一看，是一位同事站在身後。她上午聯絡過我，說下午會來送文件。我當時回覆，如果我不在工作室，就把文件放進信箱裡即可。沒想到，她正好看到我在陽臺忙碌。

她問：「這麼熱的夏日傍晚，您一個人在這裡忙什麼呢？」接著又笑著說：

「怎麼會做這麼無聊的事啊！但倒是很符合您的作風。」

的確，我的生活向來如此，簡單又樸實。我只是默默地做好眼前的事。或許在旁人眼中，這樣的生活枯燥乏味，但如果不這麼過日子，我又該做什麼呢？對我來說，最能安定內心的生活方式，便是如此，一天又一天，平靜地度過。

國家圖書館出版品預行編目資料

把生活過成賞心悅目的好日子：身心整理 × 極簡日常 × 居家風格，打造閃閃發光的自在質感生活 / 有元葉子著；黃瓊仙譯 .-- 初版 . -- 臺北市：日月文化出版股份有限公司，2025.02
272 面；14.7*21 公分 . --（大好時光；89）
譯自：生活すること、生きること
ISBN 978-626-7641-13-2（平裝）
1. 簡化生活 2. 生活指導 3. 家庭佈置
192.5 113020698

大好時光 89

把生活過成賞心悅目的好日子

身心整理 × 極簡日常 × 居家風格，打造閃閃發光的自在質感生活

生活すること、生きること

作　者：有元葉子
譯　者：黃瓊仙
攝　影：竹內章雄
主　編：俞聖柔
校　對：俞聖柔、魏秋綢
封面設計：之一設計室／鄭婷之
美術設計：LittleWork 編輯設計室

發 行 人：洪祺祥
副總經理：洪偉傑
副總編輯：謝美玲
法律顧問：建大法律事務所
財務顧問：高威會計師事務所
出　版：日月文化出版股份有限公司
製　作：大好書屋
地　址：台北市信義路三段 151 號 8 樓
電　話：（02）2708-5509　傳　真：（02）2708-6157
客服信箱：service@heliopolis.com.tw
網　址：www.heliopolis.com.tw
郵撥帳號：19716071 日月文化出版股份有限公司

總 經 銷：聯合發行股份有限公司
電　話：（02）2917-8022　傳　真：（02）2915-7212
印　刷：軒承彩色印刷製版股份有限公司
初　版：2025 年 2 月
定　價：380 元
I S B N：978-626-7641-13-2

< SEIKATSUSURUKOTO、IKIRUKOTO>
Copyright © Yoko Arimoto 2023
First published in Japan in 2023 by DAIWA SHOBO Co., Ltd.
Traditional Chinese translation rights arranged with DAIWA SHOBO Co., Ltd.
through Keio Cultural Enterprise Co., Ltd.
Traditional Chinese edition copyright © 2025 by Heliopolis Culture Group Co., Ltd.

◎版權所有．翻印必究
◎本書如有缺頁、破損、裝訂錯誤，請寄回本公司更換

日月文化集團
HELIOPOLIS
CULTURE GROUP
客服專線 02-2708-5509
客服傳真 02-2708-6157
客服信箱 service@heliopolis.com.tw

廣告回函
台灣北區郵政管理局登記證
北台字第 000370 號
免貼郵票

日月文化集團 讀者服務部 收

10658 台北市信義路三段151號8樓

對折黏貼後，即可直接郵寄

日月文化網址：**www.heliopolis.com.tw**

最新消息、活動，請參考 FB 粉絲團

大量訂購，另有折扣優惠，請洽客服中心（詳見本頁上方所示連絡方式）。

大好書屋　寶鼎出版　山岳文化

EZ TALK　EZ Japan　EZ Korea

大好書屋・寶鼎出版・山岳文化・洪圖出版　EZ叢書館　EZKorea　EZTALK　EZJapan

日月文化集團
HELIOPOLIS
CULTURE GROUP

感謝您購買 把生活過成賞心悅目的好日子

為提供完整服務與快速資訊，請詳細填寫以下資料，傳真至02-2708-6157或免貼郵票寄回，我們將不定期提供您最新資訊及最新優惠。

1. 姓名：＿＿＿＿＿＿　性別：□男　□女
2. 生日：＿＿年＿＿月＿＿日　職業：
3. 電話：（請務必填寫一種聯絡方式）
   （日）＿＿＿＿（夜）＿＿＿＿（手機）＿＿＿＿
4. 地址：□□□＿＿＿＿＿＿
5. 電子信箱：＿＿＿＿＿＿
6. 您從何處購買此書？□＿＿＿＿縣/市＿＿＿＿書店/量販超商
   □＿＿＿＿網路書店　□書展　□郵購　□其他
7. 您何時購買此書？　年　月　日
8. 您購買此書的原因：（可複選）
   □對書的主題有興趣　□作者　□出版社　□工作所需　□生活所需
   □資訊豐富　□價格合理（若不合理，您覺得合理價格應為＿＿＿＿）
   □封面/版面編排　□其他＿＿＿＿＿＿
9. 您從何處得知這本書的消息：　□書店　□網路／電子報　□量販超商　□報紙
   □雜誌　□廣播　□電視　□他人推薦　□其他
10. 您對本書的評價：（1.非常滿意 2.滿意 3.普通 4.不滿意 5.非常不滿意）
    書名＿＿＿內容＿＿＿封面設計＿＿＿版面編排＿＿＿文/譯筆＿＿＿
11. 您通常以何種方式購書？□書店　□網路　□傳真訂購　□郵政劃撥　□其他
12. 您最喜歡在何處買書？
    □＿＿＿＿縣/市＿＿＿＿書店/量販超商　□網路書店
13. 您希望我們未來出版何種主題的書？＿＿＿＿＿＿
14. 您認為本書還須改進的地方？提供我們的建議？

生命，因閱讀而大好